20 p.

TODO MUNDO FALA: "SEJA VOCÊ MESMA"... MAS EU AINDA NÃO SEI QUEM SOU!

NANCY RUE

TODO MUNDO FALA: "SEJA VOCÊ MESMA"... MAS EU AINDA NÃO SEI QUEM SOU!

Traduzido por ÉRICA CAMPOS

MC
mundocristão
São Paulo

Publicado originalmente por Zondervan Corporation, Grand Rapids, Michigan, EUA.

Adaptação da ilustração da página 18: Leonardo Conceição.

Os textos das referências bíblicas foram extraídos da *Nova Bíblia Viva*, da Biblica Inc., salvo indicação específica.

Dados Internacionais de Catalogação na Publicação (CIP)
(Câmara Brasileira do Livro, SP, Brasil)

Rue, Nancy

Todo mundo fala: "Seja você mesma"... mas eu ainda não sei quem sou! / Nancy Rue; traduzido por Érica Campos. — São Paulo: Mundo Cristão, 2013. (Coleção FaithGirlz!®)

Título original: Everybody Tells Me to Be Myself but I Don't Know Who I Am

1. Autoestima em crianças — Aspectos religiosos — Cristianismo — Literatura juvenil
2. Meninas — Vida religiosa — Literatura juvenil I. Título II. Série.

12-14528 CDD-248.833

Índice para catálogo sistemático:
1. Meninas: Vida cristã: Cristianismo 248.833
Categoria: Adolescentes

Publicado no Brasil com todos os direitos reservados por:
Editora Mundo Cristão
Rua Antônio Carlos Tacconi, 79, São Paulo, SP, Brasil — CEP 04810-020
Telefone: (11) 2127-4147
www.mundocristao.com.br
www.garotasdefe.com.br

1ª edição: setembro de 2013
1ª reimpressão: 2014

Sumário

Assim, fixamos os olhos, não naquilo que se vê, mas no que não se vê, pois o que se vê é transitório, mas o que não se vê é eterno.

2 Coríntios 4.18 (NVI)

1 Quem, *eu*?

Melissa McPherson passou os dedos com carinho sobre o conteúdo de sua mala nova em folha: uma pilha de shorts superlegais, dobrados cuidadosamente; outra pilha de blusas lindinhas, combinando com os shorts; um *nécessaire* cor de rosa com tudo, do xampu ao enxaguatório bucal sabor laranja; e algo que não poderia faltar: um bloco de papel de carta em formato de coração para escrever para a família todos os dias.

Naquela mala estava guardado o sonho de verão de Melissa. Mas, de repente, a menina sentiu um calafrio de medo.

— Sabe mãe, acho que não quero ir ao acampamento — ela disse.

A mãe olhou para Melissa enquanto removia a etiqueta do maiô e respondeu:

— Como assim? Faz um mês que você não fala de outra coisa.

— Mas não conheço ninguém que vai — Melissa disse. — E se todo mundo me achar uma tonta? E se eu não fizer amizade com ninguém? E se ninguém me deixar participar de nada porque todo mundo me odeia?

A mãe balançou a cabeça e respondeu:

— Que bobagem, Melissa. Seja você mesma e vai dar tudo certo.

Enquanto a mãe foi buscar o protetor solar, Melissa lançou um olhar tristonho para a mala cheia de roupas lindas que ela havia escolhido com tanta empolgação.

"Ser eu mesma?" — pensou — "Mas quem sou eu?".

Era a Melissa que se esforçava para fazer apenas o que as meninas superdescoladas faziam? Ou a Melissa que sempre concordava com suas amigas em tudo? Era a menina que secretamente sonhava em ser uma advogada de sucesso? Que fazia aulas de piano só porque sua mãe também tinha feito quando menina? Ou que se recusava a chorar na frente dos outros por mais triste que estivesse?

Melissa se inclinou, apoiando-se sobre as roupas perfeitamente organizadas para o acampamento de verão.

"Como posso ser eu mesma" — Melissa resmungou — "se nem sei quem eu sou?".

E agora?

Coitada da Melissa! Ainda nem foi para o acampamento e já está com saudades de casa. Mas tem outra coisa a perturbando; algo que pode pegar todas nós de surpresa, quer estejamos há centenas de quilômetros de casa, quer em nosso quarto: um ataque de "Quem sou eu?", que, aliás, pode ser bastante assustador.

A boa notícia é que este livro vai ajudá-la a:

- descobrir quem você é de verdade;
- ser você mesma na presença de qualquer pessoa.

É uma vacina contra ataques futuros.

Melissa está passando por uma crise de identidade das bravas. Se você estivesse lá no quarto com Melissa, enquanto ela arruma as malas, o que diria para ela? Daria algum conselho? Ou não faria ideia do que dizer, pois se sente do mesmo jeito quase o tempo todo?

Escreva na próxima página aquilo que você gostaria de dizer à Melissa. Não há respostas certas ou erradas, portanto seja sincera. Se, ao ler este livro, você descobrir outra forma de animar Melissa, terá oportunidade de "falar" com ela novamente no último capítulo.

Querida Melissa,

Não se preculta com isso. é so deixar rolar como. conversa vai conversa vem não deixe de ser você para ser outra pessoa Deus te fez assim por um proposito e eu tenho razão que você não quer estragar isto né?

Que história é essa?

Quantas vezes *você* já ouviu algum adulto dizer "Seja você mesma"? Como se isso pudesse prepará-la para uma situação em que você não conhece ninguém, não sabe o que precisa fazer ou tem aquela sensação de que não vai conseguir se enturmar *de jeito nenhum*!

Para começar, o que os adultos querem dizer com "seja você mesma"? Estão falando de algo que se chama *autenticidade*. Quando você é autêntica:

- é completamente sincera;
- não finge ser rica ou bem mais esperta que os outros, nem superinteressada em *games* (ou qualquer outro assunto em que o resto da turma tenha interesse) quando, na verdade, não liga a mínima;
- não imita o modo de vestir, falar ou rir de outras meninas, a menos que isso role naturalmente;
- busca coisas que acha interessante, mesmo quando não interessam a mais ninguém;

- toma suas próprias decisões de acordo com o que sabe que é certo ou errado, e não com base naquilo que os outros pensam.

Parece fácil, não é? Se você fizer tudo isso, será autêntica.

Pois é, mas se fosse tão simples, ninguém precisaria deste livro sobre autenticidade, certo? Talvez neste exato momento, você esteja pensando em pelo menos um dos seguintes problemas:

- E se eu for sincera demais a ponto de magoar as pessoas?
- E se eu for eu mesma e todo mundo me achar esquisita?
- E se eu sempre fizer o que é correto e ninguém quiser minha companhia por eu ser "certinha" demais?
- E se nem eu mesma sei do que gosto, no que tenho interresse ou como quero me vestir? O que fazer nesse caso?

Pode respirar aliviada porque este livro vai ajudá-la a transformar todas essas perguntas em respostas. Você vai aprender a:

- ser sincera sem desanimar ninguém;
- descobrir seus gostos e interesses e buscá-los, sem se importar se os outros vão achar você esquisita;
- mostrar para as pessoas que fazer a coisa certa também é legal;
- conhecer melhor essa pessoa especial e única que você é... e se amar!

Peraí... eu disse que você vai se amar? Isso não é arrogante?

Egoísta?

Esnobe?

Vejamos o que Deus tem a dizer a esse respeito.

E Deus com isso?

Mesmo que você esteja apenas começando a conhecer Deus, provavelmente já sabe que as pessoas que o amam acreditam que ele, o Criador, planejou cada um de nós, nos criou e nos colocou no mundo por algum motivo. A Bíblia, por meio da qual Deus conversa conosco, diz isso várias vezes. Um dos versículos mais legais é este:

Ele [Deus] fez cada um de nós e conhece cada coração e tudo o que fazem.

Salmos 33.15

É divertido imaginar as mãos maravilhosas de Deus criando uma pessoa totalmente diferente de qualquer outro indivíduo. Há quem imagine que Deus forma as pessoas como um oleiro molda o barro. Deus faz uma obra de arte perfeita, lhe dá vida e a ama.

Aquele que luta com o seu Criador está condenado! [...] Por acaso o barro se atreve a dizer ao oleiro: "O que você está fazendo?" ou "Você não sabe trabalhar?".

Isaías 45.9

Deus ama sua criação: as palmeiras, as onças-pintadas, os pernilongos (sim, até mesmo essas criaturinhas irritantes) e você. Se Deus a ama, como você poderia não amar a si mesma?

Essa não é uma tarefa simples quando o mundo ao redor vive dizendo para você procurar defeitos em si mesma. Suas roupas são descoladas? Você usa as últimas gírias? É simpática o suficiente, engraçada o suficiente, loira o suficiente? Vamos falar sobre isso mais adiante. Por enquanto, apenas lembre-se de que Deus sabe que é difícil, e é por isso que ele enviou Jesus para esclarecer as coisas. Jesus resumiu todos os mandamentos que as pessoas tinham de lembrar e seguir em duas instruções:

"Ame ao Senhor seu Deus de todo o seu coração, de toda a sua mente e de toda a sua alma". Esse é o primeiro e maior mandamento. E o segundo em importância é parecido: "Ame o seu próximo como a si mesmo".

Mateus 22.37-39

Em outras palavras, se você não amar a si mesma, não vai conseguir amar o seu próximo. Amar a si mesma não tem nada a ver com ser arrogante. Na verdade, é uma exigência! Jesus também disse que todos os outros mandamentos são baseados nesses dois. Se você não amar a Deus de todo o seu coração — nem amar a si mesma e os outros — não vai conseguir obedecer às outras instruções bíblicas como "honre seu pai e sua mãe" (Êx 20.12) e "não tenha inveja" (Pv 24.1), e o resultado disso pode ser uma grande confusão.

É assim que as coisas funcionam no mundo *de Deus*:

- Deus criou você de modo totalmente singular (até suas impressões digitais são únicas!).
- Deus lhe deu talentos e interesses que fazem parte de sua Identidade Singular.
- Deus vai revelando quem você é à medida que você o conhece cada vez melhor. Esse é o único jeito de descobrir sua Identidade Singular.

Se liga!

Moisés perguntou a Deus como os israelitas deveriam chamá-lo. O que Deus respondeu quer dizer "Eu Sou o que Sou". E é o que ele quer para você também: que você seja exatamente quem você é. Deus curte isso. E você também deve curtir.

Deus quer que você descubra para quê você existe. Seu propósito faz parte de quem você é, de quem Deus a criou para ser, e é algo que você continuará a aprender ao longo da vida, desde que continue a caminhar com Deus.

Se você detesta quem é e tenta ser alguém diferente, acaba se tornando uma pessoa falsa e distanciando-se de sua identidade autêntica e bela.

Quando você ama alguém, quer deixar essa pessoa alegre, certo? Você alegra o coração de Deus quando permite que sua verdadeira personalidade e seus talentos brilhem, em vez de escondê-los ou imitar outra pessoa. Rejeitar qualquer qualidade sua (talvez o fato de você ser calada ou de saber liderar) é o mesmo que dizer a Deus que ele não sabia o que estava fazendo quando a criou. Nada a ver, né?

É a minha cara!

Vamos dar o primeiro passo nessa estrada que a levará até sua Identidade Singular. Este é um ótimo momento para praticar a sinceridade, que, aliás, é uma das principais características da pessoa autêntica. Seja totalmente sincera consigo mesma. Neste teste não há certo ou errado. Você não será aprovada nem reprovada. Sua pontuação mostrará o quanto você sabe a respeito de si mesma. É legal ter noção disso ao iniciar a aventura em busca de sua Identidade Singular. Depois de ler cada situação, circule a letra que mais tem a ver com você. Lembre-se de ser... autêntica!

Se eu pudesse decorar meu quarto do jeito que quisesse, eu:

a. diria logo de cara como iria querer tudo;
b. daria uma olhada em fotos e nos quartos das minhas amigas e criaria minha própria decoração;
c. procuraria uma foto numa revista de decoração e faria meu quarto igualzinho.

Se, ao abrir a mochila na hora do intervalo, eu descobrisse que minha mãe mandou uma salada de frutas para o lanche:

a. não a comeria, pois já provei e detesto salada de frutas (ou adoro salada de frutas, então devoraria tudo);
b. comeria a salada de frutas apenas se mais alguém da turma a experimentasse;
c. jogaria tudo no lixo porque não é legal comer salada de frutas enquanto todo mundo come salgadinhos.

Se eu pudesse mudar de nome, eu:

a. escolheria um apelido que tivesse a ver com minha personalidade. Não seria o máximo?
b. experimentaria vários nomes para observar a reação da turma antes de decidir. Acho que seria divertido;
c. escolheria o nome de uma celebridade, mas ficaria meio insegura, com medo de me tornar alvo de piadas.

Se, na aula, a professora pedisse para cada aluno criar um logotipo para si mesmo, eu:

a. adoraria essa tarefa!
b. ficaria meio tensa enquanto não visse o que os outros estavam fazendo;
c. pediria à professora para fazer outra coisa.

Lembre-se de que a finalidade do teste é revelar onde você está no caminho que leva à sua Identidade Singular. É mais ou menos como aquele mapa do *shopping* que a gente consulta quando quer encontrar uma loja. Ele tem um ponto vermelho dizendo "VOCÊ ESTÁ AQUI". Fica mais fácil decidir qual direção devemos seguir para chegar aonde desejamos.

Conte quantas respostas "a", "b" e "c" você marcou:

a ______

b ______

c ______

No mapa da página seguinte, coloque uma estrelinha (*) no ponto correspondente: maior parte "a", maior parte "b" ou maior parte "c".

Se a maior parte das suas respostas foi "a", você já está no caminho certo para chegar à sua Identidade Singular. Já se conhece bem e, o que ainda não sabe, vai descobrir. Este livro vai lhe mostrar maneiras divertidas de aprender mais e vai ajudá-la a evitar desvios e becos sem saída ao longo dessa jornada.

Se a maior parte das suas respostas foi "b", você está buscando uma maneira de ser você mesma. Pode ser que neste momento você esteja olhando para os outros para descobrir o que é legal, o que a ajuda a ser aceita no grupo. Embora você possa juntar informações e tomar suas próprias decisões, este livro vai ajudá-la a depender cada vez menos daquilo que os outros pensam e cada vez mais daquilo que *você* sabe que é verdade sobre si mesma. É um bom começo.

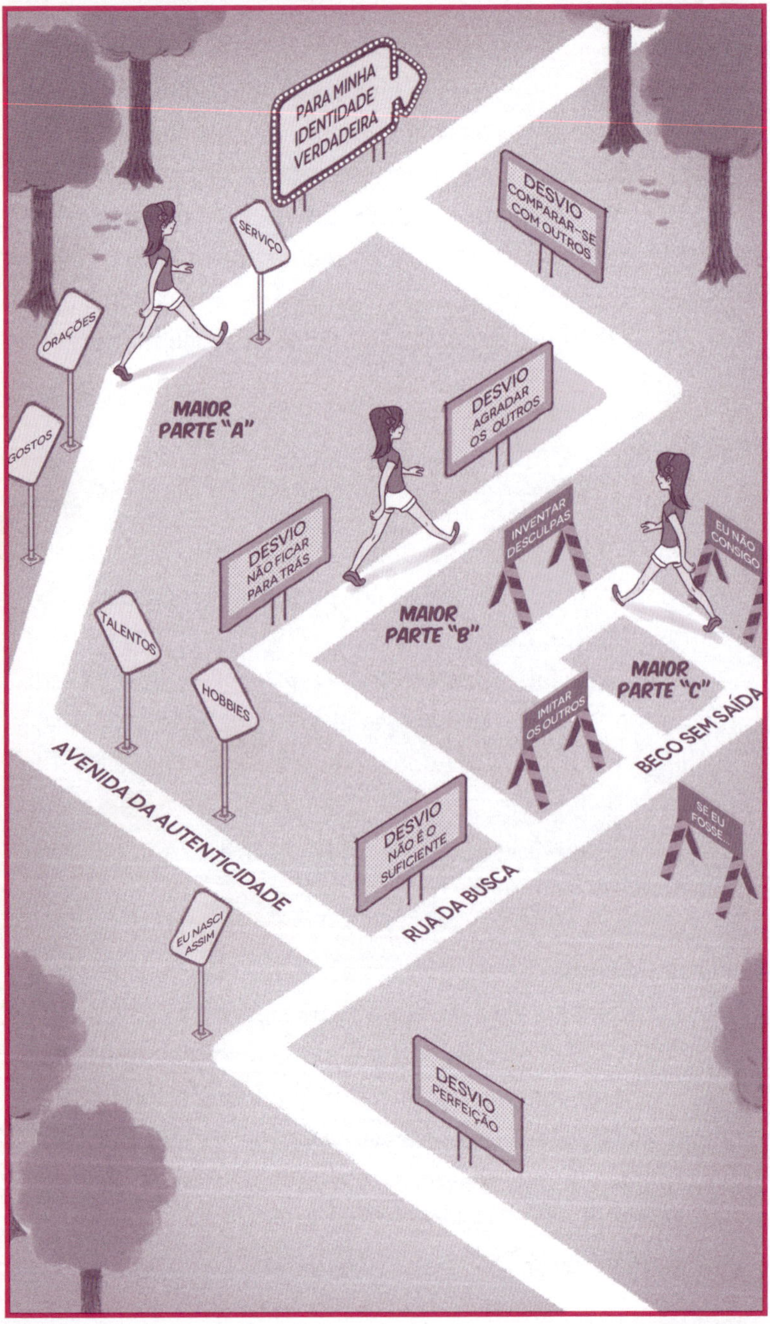
PARA MINHA IDENTIDADE VERDADEIRA
SERVIÇO
ORAÇÕES
GOSTOS
DESVIO COMPARAR-SE COM OUTROS
MAIOR PARTE "A"
DESVIO AGRADAR OS OUTROS
DESVIO NÃO FICAR PARA TRÁS
INVENTAR DESCULPAS
EU NÃO CONSIGO
MAIOR PARTE "B"
TALENTOS
HOBBIES
MAIOR PARTE "C"
IMITAR OS OUTROS
BECO SEM SAÍDA
AVENIDA DA AUTENTICIDADE
DESVIO NÃO É O SUFICIENTE
SE EU FOSSE...
RUA DA BUSCA
EU NASCI ASSIM
DESVIO PERFEIÇÃO

Se a maior parte das suas respostas foi "c", talvez, neste momento, lhe pareça um pouco assustador ser você mesma. Não desista, dizendo que já nasceu medrosa. Respire bem fundo, faça uma oração e continue lendo. Este livro vai ajudá-la a se livrar dos dilemas de identidade e guiá-la diretamente para a Avenida da Autenticidade. Depois de embarcar nesta jornada divertida em busca de sua Identidade Singular, você verá que não havia motivo para ter medo.

Então, não importa em que estágio você esteja nesta aventura, ainda pode alcançar sua identidade verdadeira, criada por Deus. Mesmo que esteja a caminho de um beco sem saída, pode fazer um retorno agora mesmo. Só precisa continuar lendo este livro e seguir as instruções.

E se você desistir? E se achar que é mais fácil ser aquilo que os outros dizem que você deve ser?

Há várias respostas para essas perguntas. Antes de começarmos nossa aventura para valer, vamos ver por que é perigoso não embarcar nessa jornada.

Que história é essa?

Se você não *sabe* quem você é, não tem como *ser* quem você é. E se você não puder ser você mesma, vai acabar se metendo em alguma encrenca. Abaixo estão algumas coisas que podem acontecer quando você não é autêntica.

Você faz coisas que, na verdade, não está a fim. A maioria das gozações, mentiras e fofocas não surge do nada, simplesmente porque as pessoas querem ser maldosas. Começa porque alguém está infeliz consigo mesmo, precisa de atenção ou quer se sentir importante. Se você está apenas sendo você mesma, essas coisas não têm a menor importância.

Você não faz coisas que está a fim de fazer. Talvez você perca a chance de participar de uma oficina de origami, por exemplo, por medo de que *a turma* não ache legal. E não é só isso. Pode ser que você deixe de dar apoio a alguém que está sofrendo gozações (ou de enfrentar alguém que está praticando *bullying*) por não saber se a turma aprovará sua atitude. Viver preocupada em ser aceita pelo grupo pode privá-la de coisas e pessoas que têm tudo a ver com você.

Você cansa de se esforçar para não ficar para trás. Fazer o melhor que você pode na escola e em casa reforça sua autoconfiança. Mas se, para ser aceita por seus amigos (ou pelas pessoas com quem deseja ter amizade) não basta ser você mesma, mais cedo ou mais tarde, você vai começar a se ressentir e ter vontade de socar alguém. E o pior é que, quando você perde a paciência e diz algum desaforo, raramente é para a pessoa de quem você está com raiva. Deu para perceber como é um problema sério?

Você nunca se sente totalmente à vontade. Dúvidas insistentes tomam conta de seus pensamentos e a deixam insegura e estressada: "Será que meu cabelo tá legal?", "Essa risada que acabei de dar foi escandalosa demais?", "Quando falo assim, não pareço uma *nerd*?", "Se eu fizer isso, será que elas continuarão a ser minhas amigas?", "O que é que eu faço agora?". Em pouco tempo, você estará roendo todas as suas unhas, enquanto essas perguntas continuam a roer *você* por dentro.

À medida que você ficar mais velha, essa ansiedade pode se agravar. Algumas meninas desenvolvem distúrbios alimentares, como anorexia ou bulimia. Algumas ficam com depressão. Outras parecem estar de mal com a vida o tempo todo. E outras inventam mil atividades para ocuparem cada segundo e não terem tempo de pensar. Nenhuma dessas alternativas faz bem para você.

O pior de tudo é que, se você não encontrar sua Identidade Singular criada por Deus, nunca descobrirá o que Deus planejou para sua vida. Se você está sendo autêntica e sincera, não precisa se preocupar em descobrir o que Deus quer que você faça, pois isso acontecerá de modo natural. Mas se tentar ser outra pessoa — ou ter uma personalidade diferente para cada turma de amigos — pode ser que nunca encontre seu verdadeiro propósito. E a gente só encontra a verdadeira felicidade quando vive conforme o plano que Deus tem para nossa vida. Deixar tudo isso passar batido seria terrível, não acha?

E Deus com isso?

Enquanto você busca a identidade que Deus planejou para você, lembre-se desta passagem na qual o apóstolo João fala de Cristo:

> *Mas a todos que o receberam, aos que creram nele, ele deu o direito de se tornarem filhos de Deus.*
>
> João 1.12

Se você quer Jesus em sua vida, crê que ele é o Filho de Deus e segue suas instruções, é uma filha de Deus autêntica, como ele a criou para ser.

Vamos começar por aí, sabendo que Deus a criou para ser filha dele. É isso que ele quer que você seja. Jesus foi, e ainda é, o Filho perfeito de Deus e a única pessoa a quem devemos imitar. Para isso, basta seguirmos seu exemplo. Essa é a coisa mais importante que você precisa saber para embarcar nessa aventura.

Pronta? Então *simbora*!

Agora é com você

Uma forma bem bacana de visualizar o que você já sabe sobre si mesma é fazer uma colagem. A ideia é juntar fotos de revistas numa cartolina ou folha de papel para criar um painel.

Você vai precisar de:

- um monte de revistas velhas que você possa recortar (peça autorização ao dono das revistas antes de começar);
- tesoura (ou você pode separar as fotos rasgando-as com a mão);
- cola;
- uma cartolina ou folha grande de papel;
- um despertador ou relógio para marcar o tempo;
- um lugar sossegado, onde você possa espalhar as coisas e pensar sem ser interrompida (por irmãos irritantes, irmãs barulhentas, animais de estimação travessos...).

Olha o que você vai fazer:

- Programe o despertador para tocar depois de 20 minutos (ou olhe para o relógio e anote o horário em que você está começando).
- Durante esses 20 minutos, vá folheando as revistas. Quando gostar de alguma imagem ou palavra, recorte-a. Não precisa pensar num motivo para selecionar essas figuras ou palavras. Basta achá-las legais.
- Depois de 20 minutos, deixe as revistas de lado e espalhe sobre a cartolina todas as imagens e palavras que você recortou. Organize-as próximas umas das outras até criar uma figura que a agrade. Você não precisa ser capaz de explicar por que organizou as imagens da maneira como fez — só tem de estar satisfeita com o resultado.

- Cole as imagens na cartolina do jeitinho que você as organizou.

Percebeu?

- Afaste-se um pouco da colagem e observe-a.
- Em vez de olhar para cada imagem ou palavra separadamente, tente ver a colagem como um todo, como um painel.
- Agora pense numa frase para descrevê-la: "Essa é a figura de uma pessoa sapeca feliz e animada".

Por exemplo:

- Essa é a figura de uma pessoa extrovertida, animada e que ama a vida.
- Essa é a figura de uma pessoa que gosta de tranquilidade e sossego.
- Essa é a figura de uma pessoa cuja personalidade tem vários lados, desde imprevisível até muito inteligente.

- Se você precisar de ajuda para criar sua frase, pense:

  - Nas cores. São fortes e vivas? Claras e suaves? Branco e preto? O que as cores dizem a respeito das características de sua personalidade que você já conhece?
  - Na maneira como você posicionou as fotos e palavras na cartolina. Estão bem arrumadas? Espalhadas e misturadas alegremente? Formam algum padrão? O que seu modo de organizar os recortes tem a ver com a maneira como você faz as coisas?
  - Nos tipos de imagens que você escolheu. São todas do mesmo tipo? Há uma grande variedade? Estão

separadas por categorias? O que isso diz sobre seus talentos, interesses e gostos, inclusive aqueles que talvez você não costume revelar aos outros?

E agora?

- Coloque seu cartaz pronto num lugar onde você possa vê-lo enquanto trabalha com este livro.
- Olhe para sua colagem de vez em quando e tente descobrir o que mais ela revela.
- Se houver alguém em sua vida que a aceite como você é, peça que essa pessoa olhe para a colagem e diga o que enxerga. Veja se isso a ajuda a aprender ainda mais sobre si mesma.
- Curta sua colagem. Ela a ajudará a gostar cada vez mais de sua Identidade Singular.

Papo-cabeça

Enquanto eu fazia minha colagem, descobri:

- o seguinte a meu respeito (algo que eu não sabia antes):

____

____

____

- que eu sou exatamente quem pensei que fosse:

____

____

____

2 Espelho, espelho meu...

Melissa arrastou a mala para dentro do chalé e, com a voz trêmula, disse:

— Oiêêê.

Ninguém respondeu, mas Melissa não achou ruim. Ela precisava mesmo de um tempo para enxugar as lágrimas que brotaram em seus olhos quando seus pais foram embora e a deixaram no acampamento onde não conhecia ninguém...

Respirou bem fundo. O que sua mãe tinha dito? Sempre que entrasse em pânico por estar num lugar novo cheio de gente nova, deveria repetir em sua mente: "Seja você mesma, Melissa".

Ela ainda não tinha descoberto quem era e, antes que pudesse pensar em algo além de "Meu nome é Melissa McPherson, tenho 11 anos e um peixinho dourado de 8 anos", a porta do chalé se abriu com um rangido. Três meninas entraram, conversando e rindo como se já se conhecessem. Como se fossem amigas há séculos.

Seja você mesma, Melissa.

— Oi — ela disse de repente. —Tenho um peixinho dourado de 8 anos.

As meninas a encararam por alguns segundos e, por fim, a primeira falou:

— Que legal! Não sabia que peixes dourados viviam tanto tempo.

A segunda menina disse com ar desconfiado:

— Não vivem nada. Deve ser invenção dela.

E a terceira menina soltou uma risadinha e revirou os olhos. Não disse uma única palavra. Nem precisava.

"Seja você mesma", Melissa repetiu mentalmente enquanto as meninas continuaram a conversar e foram sentar-se nos beliches.

Quem sou eu? Uma garota descolada, uma mentirosa ou apenas uma *nerd*?

É a minha cara!

Nesta etapa da aventura em busca de sua Identidade Singular, vamos descobrir o que você pensa de si mesma no momento. Como sempre, seja totalmente sincera. Não se preocupe se parecer arrogante (já falamos sobre isso, lembra?). É só preencher as linhas abaixo com a verdade, nada mais que a verdade.

Primeiro, fique em pé ou sente-se na frente de um espelho e dê uma boa olhada na menina que a está encarando. Pode fazer algumas caretas para ela se quiser. Cara de triste. Cara de alegre. Cara de medo. E caretas brincalhonas também. Mostre para você mesma todos os lados de sua personalidade.

Agora...

Escreva cinco palavras que descrevam a personalidade da menina que você está vendo no espelho (por exemplo, simpática, quieta, extrovertida, tímida, criativa):

____

____

____

____

____

____

____

Pense na coisa de que você mais gosta sobre sua personalidade e escreva no espaço abaixo (mesmo que já esteja na lista anterior):

____

____

____

____

____

____

Pense na coisa de que você menos gosta sobre sua personalidade e escreva no espaço abaixo (mesmo que já esteja na lista anterior):

____

____

____

____

____

Escreva três coisas que você costuma ouvir as pessoas dizerem sobre você (não importa se são positivas ou negativas, nem se você acha que são verdade ou não):

____

____

____

____

____

Peça para sua mãe (ou outra pessoa que a aceita como você é) citar:

- Duas palavras que descrevam sua personalidade:

- A coisa que ela mais gosta em você:

- Uma coisa que ela acha que você poderia melhorar:

Agora dê uma espiada em tudo o que você escreveu e reflita sobre as seguintes perguntas. Você pode anotar as respostas ou, se preferir, apenas respondê-las mentalmente.

1. Que itens em sua lista a tornam uma pessoa singular? (Ainda que você ache que "singular" seja o mesmo que "estranha" ou "esquisita".) Coloque uma estrelinha (*) ao lado de cada uma delas.

2. Essa lista se parece com a sua identidade que você conhece?

3. Houve alguma surpresa, algo em que você nunca tinha pensado antes?

4. Os outros parecem conhecer sua identidade verdadeira?

____

____

5. Você é diferente dos outros membros de sua família?

____

____

____

6. Você é bem diferente de suas amigas ou das pessoas com quem deseja ter amizade?

____

____

____

Se liga!

Sua imagem de si mesma vai crescer e se tornar mais clara à medida que você prosseguir em sua aventura. Há algumas surpresas divertidas adiante!

Mas... pode ser que você descubra algumas características de sua personalidade que não curte muito. É óbvio que ninguém é perfeito e todas nós precisamos melhorar em algum aspecto. A vida é um longo processo de "aumentar o volume" de nossos pontos fortes e "diminuir o volume" de nossos pontos fracos. Mas pegue leve: *nada de fazer pouco caso de quem você é*. Vamos ajudá-la a ser a melhor versão possível de si mesma!

Que história é essa?

Existe uma porção de maneiras de você conhecer a si mesma para ser autêntica. Que tal dar uma espiada em algumas delas? Sua personalidade é formada pelas (1) características com as quais você nasceu, (2) características que vêm de sua família e (3) escolhas que você faz.

1. Coisas que fazem parte do pacote

Etnia

Se você explorar a história de seu grupo étnico ou cultura, talvez se surpreenda ao descobrir explicações para algumas características de sua personalidade. O importante é saber que, se você tentar negar suas origens, ficará mais difícil encontrar sua identidade verdadeira.

Sexo

Ser menina tem suas particularidades. Estudos do cérebro revelam que as mulheres têm mais aptidão que os homens para realizar várias tarefas ao mesmo tempo. Além disso, temos mais facilidade para fazer a transição do lado criativo para o lado lógico do nosso cérebro e vice-versa. E, para completar, em geral as meninas amadurecem mais rápido do que os meninos (isso explica por que você acha que alguns meninos de sua idade são uns malas sem alça ridículos).

Idade

Se você tem 8, 9 ou 10 anos, é provável que curta fatos e curiosidades sobre ciência, animais, história e coisas do gênero. Se tem 11 ou 12 anos, talvez passe um bom tempo analisando os sentimentos, as opiniões e o comportamento das pessoas. É provável que alguns de seus gostos mudem à medida que você ficar mais velha. Mas sua idade sempre será um fator importante para você conhecer a si mesma e saber o quanto está amadurecendo.

Família

Algumas de suas características singulares são herdadas de sua família. Alguém já falou que você se parece muito com seu pai? Talvez você tenha pavio curto, como sua mãe, ou ótimo senso de humor, como o bisavô que você nem chegou a conhecer. Isso não significa que você possa dar de ombros e dizer: "É meu jeito de ser, ué!". Mas pode ser útil descobrir se é preciso aumentar ou diminuir o volume de algumas características. No caso de você ter sido adotada, talvez não conheça suas origens familiares. Que tal, então, se apropriar de suas características como um jeito de ser exclusivamente seu e assumir a responsabilidade por elas?

Talentos

Cada uma de nós recebe dons de Deus. Talvez não seja uma voz magnífica para cantar, nem a habilidade de fazer aquele saque perfeito no jogo de vôlei, mas é algo que Deus quer que você use para tornar o mundo um lugar melhor ou para mostrar como Deus é. Seu senso de humor é contagiante? Você leva jeito para lidar com crianças pequenas? Tem o dobro de energia que a maioria das garotas de sua idade? Percebe com facilidade quando alguém está chateado ou preocupado? Encontrar seus talentos é a melhor parte do processo de autoconhecimento.

Gostos

Por que alguns bebês adoram abacate ao prová-lo pela primeira vez e outros cospem tudo logo de cara? Por que antes de completar 3 anos você já tinha uma cor preferida? Por que duas irmãs gêmeas têm gostos para música completamente diferentes: uma curte *rap* e a outra ama música sertaneja? Isso mostra que já nascemos com certos gostos e aversões. É verdade que muitas preferências se desenvolvem à medida que você cresce (poucas meninas de 3 anos gostam de pimentão recheado). Mas outras já vêm embutidas nessa criação maravilhosa que você é.

2. Seu ambiente

Onde você mora

A comunidade em que vivemos nos influencia desde nosso nascimento. Morar numa cidade grande pode fazer com que você se torne cautelosa e desconfiada. Se você mora numa cidade pequena, talvez não tenha muitos medos, mas seja mais reservada, pois todo mundo quer saber tudo sobre a vida dos outros. As oportunidades que você tem em seu pequeno universo, as pessoas que você conhece e sua relação com a natureza contribuem para formar sua personalidade.

A forma como você está sendo educada

É possível que você já tenha notado que existem vários tipos de mães e pais. A relação entre a educação que seus pais lhe dão e sua personalidade é algo complicado, que você não precisa entender no momento. Basta saber que sua mãe, seu pai e até seus irmãos têm grande influência sobre você.

A personalidade de sua família

Sua família é aventureira, sempre pronta a escalar uma montanha ou explorar um lugar diferente nas férias? Ou é superanimada e maluca, com direito a histórias engraçadas durante o jantar e brincadeiras divertidas todos os dias? Quem sabe sua família é tranquila, organizada, não muito sentimental e interessada em algum assunto específico, como história, ciências ou música. Talvez você pense que ela é simplesmente "comum", mas isso não existe. Procure descobrir as características de sua família.

Religião

As crenças de sua família têm *muita* influência sobre a maneira como você usa suas principais qualidades. Uma igreja afetuosa e acolhedora que lhe ofereça orientação, e não apenas estabelece regras, pode ajudá-la a se tornar uma mulher íntegra, autoconfiante e afetuosa. É claro que você pode se tornar isso tudo mesmo sem a igreja, mas será bem mais fácil se tiver apoio. Comece a orar sobre essa questão hoje mesmo. E saiba que, aconteça o que acontecer, Deus sempre estará pronto para ajudá-la.

3. As escolhas que você faz

Hobbies

Aquilo que você gosta de fazer em seu tempo livre diz muita coisa sobre sua verdadeira identidade. Você passa horas a fio entretida com algo e até perde a noção do tempo? Quer dizer que essa atividade tem tudo a ver com você. Seu *hobby* (ou qualquer passatempo que você gostaria de ter) revela se você é esportiva, artística, musical, organizada, curiosa ou uma porção de outras coisas bacanas. Quando você faz algo que lhe dá satisfação, aprende mais sobre si mesma.

Atividades

As coisas que você faz depois da escola também revelam aspectos de sua personalidade. As atividades esportivas podem ser sinal de que você gosta de se exercitar, é competitiva ou sabe trabalhar em equipe. Já as atividades artísticas podem indicar que você é criativa ou emotiva. O fato de você fazer parte de algum clube ou grupo de pessoas que se reúnem para realizar a mesma atividade indica que você sabe liderar, curte participar ou gosta de servir aos outros. E se você prefere não se envolver com nenhuma atividade organizada, isso talvez revele que você é independente ou meditativa ou que prefere ter liberdade de fazer as coisas do seu jeito. Não gostar de algo também mostra uma porção de coisas a seu respeito.

Suas amizades

Os amigos que você escolhe podem lhe mostrar outras características de sua personalidade. Faça as seguintes perguntas a si mesma:

- Quem são suas amigas mais chegadas ou quem você gostaria de ter como amigas chegadas?
- Por que você gosta de estar com elas?
- Você tenta imitá-las? Por quê?
- Quem você tenta impressionar?
- Em que momentos é difícil estar com suas amigas?
- Algum de seus professores parece entender você melhor?
- Há algum adulto com quem você queira ser parecida quando crescer?
- Em sua opinião, alguma menina em sua classe tem características parecidas com as suas?
- Há algum adulto, além de seus pais, com quem você se sinta à vontade para conversar?
- Você conhece algum menino que não a irrita até o último fio de cabelo?

Não é raro nos sentirmos atraídas por uma pessoa porque vemos nela coisas de que gostamos em nós mesmas. As pessoas que você admira e com quem se sente à vontade podem revelar algo sobre quem você é. De modo semelhante, quando você se sente tímida ou desconfortável na presença de alguém, essa pessoa pode revelar quem você *não é*! (E lembre-se: não há nada de errado com isso.)

★★★★★

Caramba! Você tem bastante coisa em que pensar. Sei que você só vai se esforçar ao máximo para conhecer melhor a si mesma se souber que é algo *superimportante*. Vamos ver, portanto, o que Deus diz a esse respeito.

E Deus com isso?

Por que Deus quer que você se veja com tanta clareza? Ele nos diz o seguinte:

> *Foi [Deus] que nos salvou e nos escolheu para o seu santo trabalho, não porque merecêssemos, mas porque esse era o seu plano muito antes do princípio do mundo: mostrar o seu amor e a sua graça para conosco por meio de Cristo Jesus.*
>
> *2Timóteo 1.9*

Não criamos a nós mesmas. Deus nos criou! Esse versículo diz que Deus tinha um objetivo, então *com certeza* é superimportante descobrirmos qual é esse propósito. Para isso, contudo, precisamos conhecer a identidade verdadeira que Deus planejou para nós.

Você se lembra da parábola da figueira que não produziu nem um fruto sequer? O dono da propriedade ordenou que a figueira fosse cortada. Mas o jardineiro, que conhecia muito melhor as plantas do jardim, disse:

> *Dê a ela mais uma oportunidade, e eu lhe darei atenção especial, cavando ao redor dela e colocando bastante adubo. Se conseguirmos figos no próximo ano, muito bem; se não, eu a cortarei.*
>
> *Lucas 13.8-9*

Parece severo demais, não é? Mas pense bem. A figueira foi criada para dar frutos. O jardineiro está disposto a dedicar atenção especial à árvore. Se ainda assim ela não der os frutos que foi criada para produzir, ele a cortará. Mas calma! Isso não significa que Deus vai tirar sua vida se você não descobrir e cumprir seu propósito. Significa apenas que você perderá a oportunidade de fazer aquilo que foi criada para fazer. Você é como uma árvore frutífera, criada exatamente do jeito que é *para produzir algo especial para Deus*. Se não souber que tipo de árvore você é, como poderá produzir frutos?

Felizmente, Jesus (assim como o jardineiro) a conhece muito bem e está disposto a lhe dar atenção especial, isto é, lhe mostrar como encontrar sua Identidade Singular. Não desperdice a ajuda de Deus. Não seja como uma cerejeira tentando produzir maçãs.

Deus teve o cuidado de criar uma Identidade Singular para cada um dos bilhões de indivíduos que vivem em nosso planeta. Portanto, é natural que ele deseje que você deixe todos verem o Espírito Santo trabalhar por meio de sua personalidade especial. Vejamos o que Jesus diz:

> *Ninguém acende uma lamparina e depois a coloca num lugar onde fique escondida ou debaixo de um cesto! Pelo contrário, procurar colocar num lugar apropriado para fornecer luz a todos aqueles que entrarem.*
>
> *Lucas 11.33*

Uma das especialidades de Jesus era contar parábolas usando elementos que as pessoas daquela época conheciam bem para, desse modo, ajudá-las a entender coisas difíceis. Hoje em dia, nem todo mundo sabe como acender uma lamparina ou por que é importante colocá-la num lugar apropriado. Então, que tal pensarmos em algo que Jesus talvez usasse para explicar a mesma ideia hoje em dia:

"Meninas, não se transformem numa poltrona reclinável que arrota."

É sério! E é possível que ele prosseguisse dizendo algo do tipo:

"Imagine um futuro como este para sua vida. De manhã, quando o despertador toca, você o joga longe. Cambaleando, entra no banheiro e toma um susto daqueles quando vê no espelho uma mulher com olheiras enormes e a testa toda franzida.

A muito custo, você consegue se vestir e se arrastar até seu carro velho, caindo aos pedaços. Ao virar a primeira esquina, se lembra de que o tanque de combustível está vazio. Aflita, ora sem parar até o posto de gasolina mais próximo. É a primeira vez que você ora desde... bem, você nem se lembra desde quando. Enquanto enche o tanque, você se dá conta de que está atrasada para o trabalho. De novo. São 8h10 quando você chega ao escritório e seu chefe olha para você com cara feia. 'Odeio esse emprego', você pensa.

Senta-se à mesa e faz uma tarefa maçante. Todo dia é a mesma coisa. Você começa a suar frio. Ouve seu estômago roncar porque não deu tempo de tomar café da manhã. Você se pergunta se já está na hora do almoço. Olha para o relógio.

São 8h12.

Da próxima vez que olha, são 8h15. Você olha para o relógio um zilhão de vezes ao longo do dia, na esperança de que já sejam 18 horas. Dois mil anos depois, quando o expediente termina, você pega o carro e volta para casa. Arrasta-se até a sala, se joga em sua poltrona reclinável preferida e grita: 'Amor, pede uma pizza pra gente?'.

Seu marido faz o pedido enquanto você toma posse do controle remoto e começa procurar algo para assistir. Assiste a um episódio de um seriado antigo, depois muda para a novela. A pizza (gordurosa e salgada demais e praticamente fria) chega e você come duas ou três fatias. Tem gosto de papelão. Papelão salgado e engordurado.

Você assiste a alguns *reality shows* que de realidade não têm nada e começa a fazer a digestão da pizza. Inclina-se na poltrona, abre a boca e solta um belo de um arroto que ecoa pela sala. Seu marido diz: 'É isso aí, amorzão!'.

Em seguida, você vai para a cama, levanta no dia seguinte e começa tudo outra vez. Dia após dia após dia...".

"É esse tipo de vida que vocês querem, minhas filhas queridas?", Jesus diria. "Não era isso que o Pai tinha em mente quando as criou. Ele deu para vocês um lugar especial neste mundo para que reflitam a personalidade de seu Pai. Vocês estão cumprindo essa missão ao viver como se fossem uma poltrona reclinável que arrota? Larguem disso! Vivam de forma a mostrar a todos o que há dentro de vocês: um espírito cheio de vida que tem um propósito neste mundo".

Agora é com você

Está pronta para continuar a descobrir sua identidade verdadeira? Um dos melhores métodos para saber mais sobre si mesma — usado por gente de todo tipo (principalmente por mulheres), desde a invenção do papel — é manter um diário.

Manter um diário significa fazer anotações todos os dias (ou com frequência) num caderno especial. É uma forma de expressar seus sentimentos, lidar com suas dificuldades, desabafar sobre as coisas que a chateiam e descrever tudo o que acontece em sua vida. Se você prefere tomar uma injeção na testa a escrever, talvez as razões abaixo a ajudem a se interessar por esta ideia:

- Não precisa se preocupar com ortografia, gramática, ou pontuação, pois só você vai ler seu diário.
- Pode escrever qualquer coisa que quiser. *Qualquer coisa*.

- Também pode fazer desenhos, anotar poemas e músicas ou simplesmente escrever uma porção de bobagens, desde que tenham a ver com você e sua vida.
- Se achar legal, pode criar seu próprio código, usar nomes falsos para se referir às pessoas sobre quem escreve e inventar palavras secretas para certos sentimentos (para o caso de alguém, tipo a bisbilhoteira da sua irmã mais velha, encontrar seu diário). O diário é seu e você pode fazer com ele o que bem entender. É sério!

Escrever num diário é como ter seu próprio clubinho no qual você pode dizer tudo o que tiver vontade. Quando acontecer algo, você não vai ver a hora de registrar isso em seu diário, mesmo que seja apenas duas ou três linhas. Se a ideia de escrever para "ninguém" lhe parecer meio sem pé nem cabeça, que tal imaginar que está escrevendo para uma amiga? Ou, melhor ainda, experimente escrever para Deus!

Para tornar seu diário mais divertido, faça-o você mesma. Enfeite a capa de um caderno em branco. Ou, se quiser personalizá-lo ainda mais, para que fique a sua cara, faça o seguinte:

Você vai precisar de:

- um pedaço de cartolina ou papel cartão tamanho A4 (com 210 mm de largura e 297 mm de altura) para a capa;
- pelo menos 20 folhas de papel sulfite branco A4 (mesmas medidas que a capa);
- um furador para papel;
- um lápis;
- 80 cm de fita de cetim ou fitilho;
- materiais para enfeitar (purpurina e paetês, adesivos, feltro, canetinhas ou lápis coloridos, ou qualquer material que tenha tudo a ver com você!);
- cola branca.

Olha o que você vai fazer:

- Dobre a capa ao meio no sentido horizontal.
- Marque dois pontos para fazer os furos a mais ou menos 1 cm da borda dobrada.
- Faça dois furos na capa.
- Dobre todas as folhas de papel sulfite ao meio.
- Coloque as folhas de sulfite dentro da capa para marcar com o lápis os dois pontos onde furar.
- Fure as folhas (talvez você precise furar apenas algumas de cada vez, caso o furador não comporte todas de uma só vez).
- Encaixe as folhas dentro da capa, de modo que os furos estejam alinhados.
- Passe a fita ou fitilho pelo primeiro furo, depois por baixo da capa, e puxe a extremidade pelo segundo furo.
- Faça um nó e depois um laço bem bonito; se desejar, corte as pontas da fita em "v".
- Agora enfeite a capa, usando toda a sua criatividade.

E agora?

- Guarde seu diário num local secreto onde ninguém se sentirá tentado a lê-lo. A ideia é mantê-lo seguro, pois se você desconfiar que alguém tem acesso a ele, não será completamente sincera ao escrever.
- Conte para sua mãe que você tem um diário e peça para ela ajudar a proteger sua privacidade.
- Se sua mãe ou seu pai não achar legal você escrever coisas que não quer que eles leiam, mostre este capítulo para eles. Ou, melhor ainda, faça um lindo diário para cada um. Quem sabe se eles também tiverem um diário, vão entender melhor o que você está fazendo.
- Procure fazer suas anotações sempre no mesmo horário todos os dias. Se não der, não tem problema, mas vale a pena tentar.

- É divertido ter canetas especiais para escrever. Experimente usar cores diferentes de acordo com seu estado de espírito ou de acordo com o assunto. Ou então use preto para escrever e outras cores para desenhar e enfeitar. Esse é seu momento e seu lugar especial. Procure torná-lo bem parecido com sua Identidade Singular.
- Se você apenas relatar o que fez durante o dia, o diário poderá se tornar meio entediante. A maioria de nós não tem experiências superempolgantes a cada minuto! Mas, se escrever sobre seus sentimentos a respeito de algo que está acontecendo em sua vida (ou relatar alguma coisa que a deixou furiosa, triste ou feliz), sempre será interessante. É uma forma muito melhor de se conhecer mais.
- Também é divertido escrever sobre seus sonhos, suas expectativas e o rumo que você quer que as coisas tomem (mesmo que seja apenas para o dia seguinte). Não existe ideia boba demais para você colocar no papel. E mesmo que seja, qual é o problema?
- Se você detesta escrever, escolha uma única palavra para aquele dia, escreva-a com letras bem grandes no meio da página e, em seguida, enfeite-a. A ideia é pensar sobre seu dia e seus sentimentos enquanto faz isso.

Papo-cabeça

Experimentei escrever em meu diário durante uma semana e descobri que

____

____

____

____

____

____

____

____

____

____

____

____

(Se quiser, anote a resposta em seu diário.)

3 As pedras no meio do caminho

Melissa fingiu consultar a lista de tarefas na prancheta do chalé, mas, na verdade, estava orando. "Pai, se eu precisar dar uma bronca nas meninas, por favor faça com que elas continuem a gostar de mim."

Não tinha certeza se Deus responderia a essa oração. Por que *justo ela* precisava ser a supervisora logo no primeiro dia de limpeza do chalé? Ninguém a odiaria se fosse encarregada de tirar o lixo. E se sua tarefa fosse limpar o vaso sanitário, as meninas provavelmente a amariam de paixão. Mas ser a responsável por verificar se cada uma havia cumprido sua tarefa...

Melissa suspirou e foi ver o trabalho de Emily.

— Beleza! Você conseguiu tirar todo o pó dos cantos — Melissa comentou.

Emily saiu de trás de um dos beliches carregando a vassoura como se fosse uma arma. Disse em tom muito sério:

— Eu não faço limpeza. Eu extermino a sujeira.

Melissa soltou uma risadinha enquanto assinalava esse item na lista de tarefas.

— Quer ver? —Emily disse, apontando para a pá.

— O quê? — Melissa perguntou.

— As vítimas — Emily respondeu. E começou a descrever o conteúdo da pá — Esse é um chiclete velho que eu desgrudei do canto.

— Eca!

— Essa aqui é uma barata que eu matei a vassouradas.

— Eeeeeca!

— Ei, pessoal! — disse Anna colocando a cabeça para fora do banheiro. — Já terminei. Melissa, pode vir olhar como ficou.

— Meu, você é superengraçada. Agora eu preciso ver o trabalho da Anna — Melissa disse bem baixinho para Emily e depois se apressou em direção ao banheiro.

Anna foi logo fechando a porta atrás de Melissa.

— Você viu como a Emily é sem noção? — sussurrou para Melissa. — Que nojeira esse papo de chiclete e barata!

Melissa limpou a garganta e tentou parecer tão sofisticada quanto Anna, que revirou os olhos e jogou o cabelo para trás. Melissa fez a mesma coisa.

— É, *totalmente* sem noção — disse Melissa. — Eu fazia brincadeiras assim, tipo, quando tinha uns 4 anos.

Anna fungou e disse:

— Acho que *nunca* fiz isso. Já nasci, tipo, totalmente madura.

Melissa fez que sim com a cabeça e colocou o cabelo atrás da orelha, um gesto "totalmente maduro" que Anna provavelmente faria.

— Então. Vê aí se o box do chuveiro está limpo — Anna disse. — Acabei a minha parte.

Melissa foi ver o box, mas Anna a segurou pelo braço.

— É sério, tá limpo. Não precisa nem olhar — Anna falou. Em seguida, abriu um sorriso angelical para Melissa, que sorriu de volta e assinalou o item "limpeza do box do chuveiro" na lista.

— Quem ficou com a limpeza dos vasos sanitários? — Melissa perguntou.

— Fui eu. — Melissa reconheceu a voz de Lydia. Vinha de dentro de um dos toaletes. — Tá *tão* sujo e nojento que eu tô ficando com ânsia de vômito!

— Exagero dela — Anna cochichou para Melissa. — Ela só sabe resmungar.

As duas reviraram os olhos. Melissa espiou dentro do toalete e viu Lydia a quase um metro de distância do vaso sanitário, abanando a escovinha no ar.

— Não suporto nem chegar perto — reclamou Lydia. — Ai, que nojo!

— Tem razão — Melissa disse sem muita convicção, pois o vaso nem parecia sujo. — É nojento mesmo.

— Valeu. Finalmente, alguém que me entende — Lydia disse, estreitando os olhos na direção de Melissa. — Como você se chama mesmo?

— Melissa. E entendo você perfeitamente.

Melissa assinalou a tarefa de Lydia na lista e foi procurar as meninas que estavam trabalhando do lado de fora. Sabia que elas eram bagunceiras, mas, com um pouco de esforço, ela podia ser bagunceira também.

Então por que estava se sentindo como o pedaço de chiclete mascado que Emily havia "exterminado"?

Que história é essa?

É provável que você tenha identificado algumas qualidades legais em Melissa:

Ela tem senso de humor.

Em geral, é responsável.

É simpática.

Hum... mas, por enquanto, é só. Infelizmente, Melissa se esforça demais para agradar a todos, e isso a impede de mostrar aquilo que há de mais incrível em *sua* personalidade.

É provável que ela seja criativa, mas não dá para saber, pois Melissa não participou da brincadeira de Emily de inventar "vítimas" da limpeza só porque Anna achou nojento.

Talvez ela seja boa líder, mas também não deu para saber ao certo, pois ela ficou com medo de ser rejeitada por Anna, caso verificasse a limpeza do chuveiro.

Pode ser que Melissa tenha a capacidade de animar os outros, mas essa característica não vai aparecer se ela continuar a repetir os resmungos de Lydia, em vez de dizer o que realmente pensa: "Não tem nada nojento no vaso. Vamos lá, pensa em outra coisa e você consegue limpar rapidinho!".

Melissa está tentando ser engraçada para Emily, sofisticada para Anna, rebelde para Lydia e bagunceira para as outras meninas. Mas ela não vai conseguir ser todas essas coisas. Se continuar desse jeito, não vai sobrar tempo para ser ela mesma!

Mas que tal pararmos de pegar no pé de Melissa e olharmos para nós mesmas? Quantas vezes você agiu como se fosse outra pessoa por medo de que alguém não gostasse de você, ficasse bravo com você ou a chamasse de bobona, *nerd* ou esquisita?

A essa altura, você deve ter perdido as contas, não? Se você é como a maioria das meninas de sua idade, talvez fique dias e dias relembrando cada situação em que não foi autêntica. Mas em vez de ficar ruminando o que já passou, vamos ver alguns obstáculos que impedem as meninas de avançarem no caminho para a autenticidade:

- a busca pela perfeição;
- aquilo que é considerado superdescolado e o que não é;
- aquilo que as amigas vão pensar;
- aquilo que as meninas populares vão achar (mesmo que elas não sejam suas amigas);
- as coisas que passam na TV, nos filmes e nas revistas;
- as coisas que a gente acha que precisa esconder.

Como isso tudo atrapalha a busca pela Identidade Singular?

Que coisas você faz (ou já fez) ao assumir uma personalidade complemente diferente da sua:

- Para tentar impressionar alguém?
- Por querer participar de determinada turma a todo custo?

- Para poder chamar atenção?
- Quando quer ser invisível?

Você alguma vez:

- Contou uma mentira para se enturmar ou para não se sentir esquisita?
- Vestiu uma roupa igual à que todo mundo estava usando e não ficou nem um pouco à vontade?
- Foi a uma festa onde se sentiu uma alienígena?
- Não conseguiu pensar em nada para dizer quando alguém com quem você desejava fazer amizade puxou conversa?
- Fez pouco caso de alguém que você gostava porque estava com uma turma que provavelmente não aceitaria essa pessoa?
- Fingiu estar bem quando na verdade estava péssima, para que ninguém soubesse como estava se sentindo de fato?
- Deixou de levantar a mão durante a aula mesmo quando sabia a resposta, pois os outros poderiam achá-la uma sabe-tudo?

A gente deixa coisas desse tipo acontecerem por quatro motivos principais. Veja quais dos obstáculos a seguir aparecem (ou já apareceram) em seus pensamentos ou em sua maneira de agir. Vamos transformar cada pergunta numa resposta.

Obstáculo nº 1 — Você imagina que precisa ser perfeita

Quando você está sendo autêntica, é natural que cometa alguns erros. Mas vou logo avisando: você vai cometer *ainda mais* erros se não tirar estas perguntas de sua cabeça:

- E se eu derrubar alguma coisa na roupa?
- E se eu não tirar 10 na prova?
- E se eu rir de um jeito esquisito?

- E se eu fizer perguntas demais? E se eu não fizer perguntas suficientes? E se eu fizer as perguntas erradas?

Aqui estão as respostas:

- Você não é perfeita e nunca será.
- Ninguém é perfeito.
- Ao buscar a perfeição, você vai conseguir, no máximo, ser "perfeitamente autêntica" e até para isso vai precisar de muita coragem e prática.
- Melhor do que tentar ser perfeita é amar a Deus, amar a si mesma e amar os outros.

Obstáculo nº 2 — Você acha que não basta ser você mesma

Estas perguntas deixam você doidinha:

- E se eu for autêntica na escola e os professores me acharem esquisita ou encrenqueira?
- E se eu me esforçar ao máximo, mas só tirar notas 7 e 8 e meus pais quiserem que eu tire notas 10?
- E se as meninas com quem quero ter amizade não gostarem de mim por eu não fazer as mesmas coisas que elas?

Aqui estão as respostas:

- Todo mundo é bom em alguma coisa, mas ninguém é bom em tudo.
- Há, no mínimo, uma boa amiga (e provavelmente muitas mais) para cada pessoa autêntica para valer.
- A maioria das pessoas adora a companhia de alguém completamente verdadeiro, alguém em quem elas podem confiar.

- Qualquer pessoa que a rejeite por você não ser um clone dela não está pronta para ser sua amiga (pelo menos não até que ela encontre a identidade verdadeira dela).

Observação: Nesta etapa de sua vida, com certeza há pessoas que têm autoridade sobre você, como seus pais e professores. Talvez você tenha de "diminuir o volume" de sua personalidade autêntica quando estiver com eles. Pode ser que precise maneirar em alguns aspectos, isto é, guardar aquela gargalhada escandalosa ou seu senso de humor provocante para mais tarde, quando estiver apenas com suas amigas. Mas nenhuma autoridade ou regra jamais deve forçá-la a fazer algo que você não é capaz de fazer ou que não acredita ser correto. Caso se veja nessa situação, peça ajuda a seus pais ou a outro adulto de sua confiança.

Obstáculo nº 3 — Você imagina que sua identidade verdadeira é demais da conta

Estas perguntas a atormentam como um pernilongo durante a noite:

- E se eu me destacar na apresentação da escola e alguém disser que sou exibida?
- E se eu me empenhar num projeto, tirar a nota mais alta e todo mundo achar que sou uma *nerd*?
- E se eu tirar só notas 10 e minha BFF ficar chateada porque só tira notas 7 e 8?
- E se eu responder certo tantas perguntas durante a aula que os outros dirão que me acho mais inteligente do que eles?

Aqui estão as respostas:

- Deus lhe deu uma mente maravilhosa para que você a aperfeiçoe e a use para fazer diferença no mundo.

Contudo, você só conseguirá cumprir essa missão se não esconder sua identidade verdadeira, nem tentar diminuí-la.

- Seus talentos ou sua coragem de usá-los podem despertar ciúme em algumas pessoas, levando-as a dizer coisas maldosas para não se sentirem culpadas por não estarem usando seus dons.
- Em contrapartida, ao verem você desenvolver seus talentos com coragem e dedicação total, muitas outras pessoas se sentirão inspiradas. Procure sempre dar o melhor de si e se superar. Com isso, você incentivará outros a fazerem o mesmo.
- Afinal de contas, o que é "*nerd*"? Essa palavra geralmente é usada por pessoas que não entendem o quanto é legal se interessar por alguma coisa, aprender tudo a respeito dela e compartilhá-la com os outros de maneiras incríveis. Será que vale a pena trocar essa sensação pela aprovação de alguém? Não deixe o medo de críticas estragar sua diversão!

Se liga!

Não importa o que as pessoas digam da boca pra fora ("Ela é estranha", "Ela é certinha demais..." ou "Ela se acha o máximo!"). No fundo, quase todo mundo gosta de alguém que é autêntico. Pessoas verdadeiras, sinceras e genuínas são tão atraentes que só alguém muito inseguro não consegue pelo menos admirá-las. Lembre-se de que quanto mais você gostar de si mesma, mais facilidade terá em fazer os outros serem autênticos.

Obstáculo nº 4 — Você imagina que, se viver de maneira autêntica, vai acabar ficando para trás

Você está sempre driblando perguntas do tipo:

- E se eu não praticar algum esporte ou não fizer alguma atividade todos os dias depois da aula e acabar perdendo alguma coisa (popularidade, prêmios, todo mundo achar que sou maravilhosa em tudo)?
- E se eu não comprar roupas parecidas com as das minhas amigas (mesmo que eu não goste do modo como elas se vestem) e elas começarem a achar que não sou descolada?
- E se eu não for bem na prova e perder minha fama de boa aluna?
- E se eu me recusar a participar da fofoca (apesar de eu detestar falar dos outros pelas costas) e nunca mais for convidada para outra festa do pijama?

Aqui estão as respostas:

- Tentar fazer de tudo não a torna craque em tudo. Pelo contrário, isso a impedirá de desenvolver plenamente seu potencial em algumas coisas para as quais você foi criada.
- Se suas amigas a aceitarem ou a excluírem do grupo em função das roupas que você veste, desculpe, mas elas não são suas amigas de verdade.
- Pessoas que se saem bem na área acadêmica (na escola) não são as únicas com talentos especiais. Use seus dons onde tiver oportunidade de fazê-lo. As recompensas virão.
- Fazer parte de uma turma jamais deve significar que você tem de ir contra aquilo que sabe que é correto.
- O modo mais garantindo de fracassar e ficar infeliz é querer sempre estar "à altura dos outros" em tudo o que fazem.
- Encontre seu próprio ritmo e não dê um passo maior que a perna.

Se liga!

É gostoso explorar diversos aspectos de sua personalidade. É o que acontece numa festa do pijama em que você e suas amigas se divertem fazendo penteados diferentes umas nas outras e usando fantasias. Faz parte da busca por aquilo que lhe parece autêntico. Talvez você sinta vontade de experimentar outra modalidade esportiva, um jeito de escrever diferente ou um comportamento novo só pra ver se tem a ver com você. Essa também é uma boa maneira de se conhecer, desde que você seja honesta a respeito daquilo que não combina com sua Identidade Singular.

É a minha cara!

Pense em como você se sente quando não está sendo autêntica e tem consciência disso. Às vezes, lembrar-se de uma situação específica a ajuda reviver essa sensação. Agora tente criar em sua mente uma imagem que corresponda a esse sentimento. Estas são algumas imagens que outras meninas criaram:

> "Sinto-me como o Pinóquio. Posso imaginar meu nariz crescendo cada vez que faço algo que não tem nada a ver com minha personalidade verdadeira".
> "É como se eu estivesse encolhendo".
> "Penso num marionete sendo movimentado por outra pessoa".
> "Parece que estou presa numa caverna e fico espiando para fora".

Anote sua imagem mental:

Agora desenhe essa imagem num papel e guarde-a junto com seu diário. Dê uma espiada nela de vez em quando e escreva em seu diário sobre momentos recentes em que se sentiu desse jeito. A partir de agora, sempre que tiver essa sensação, pare e diga a si mesma: "Ôpa! Não estou sendo autêntica. O que preciso fazer?".

Se liga!

Em algumas situações, é aceitável (e provavelmente seja uma boa ideia) não revelar todos os seus sentimentos, desde que você seja honesta consigo mesma. Aqui estão alguns exemplos mencionados por meninas de sua idade:

"Um dia eu tava tomando conta de algumas crianças e elas me amarraram enquanto a gente brincava de polícia e ladrão. Quando vi que estava presa, fiquei com medo, mas fiz de conta que não era nada demais. A brincadeira perdeu a graça porque não gritei feito uma desesperada e elas acabaram me desamarrando".

"Depois da aula, eu tava indo pra casa e uns meninos da escola vieram atrás de mim, me chamando de 'baleia', 'carga pesada' e outras coisas chatas. Deu vontade de chorar e gritar pra eles me deixarem em paz, mas sabia que se fizesse isso, iam me provocar ainda mais. Então segui em frente, com a cabeça erguida. Assim que entrei em casa, desabei e chorei, tipo, uma hora, sem parar".

E Deus com isso?

Quatro das coisas mais importantes em que uma pessoa cristã acredita são:

1. Você foi criada por Deus.
2. Você é filha de Deus.
3. Você é amada por Deus.
4. Você é aceita por Deus.

Quer razões mais claras do que essas para não deixar obstáculos a impedirem de ser quem Deus a criou para ser? Quando você permite que alguma pessoa ou coisa seja mais importante do que sua autenticidade, está dizendo para Deus que ele não sabe o que faz! Mas a Bíblia fala que ele sabe:

> *Coitados de vocês que dependem da aprovação dos outros, sempre preocupados em agradar a todos. Essa escravidão compromete a sinceridade.*
>
> *Lucas 6.26 (A Mensagem)*

Viver somente para a aprovação das pessoas não é uma boa ideia. Quem você é ou deixa de ser não é algo a ser decidido pelos outros.

As atividades que você realiza, as modalidades de esportes que pratica, as notas boas que tira, o fato de você ser ou não popular na escola, nada disso define quem você é. Sua identidade vem daquilo que é verdadeiro em você, no fundo de seu coração.

> *O homem bom [ou a mulher boa] tira coisas boas do bom tesouro que está em seu coração, e o homem mau [ou a mulher má] tira coisas más do mal que está em seu coração, porque a sua boca fala do que está cheio o coração.*
>
> *Lucas 6.45*

Deus não compara suas filhas, dizendo que uma é melhor do que a outra. Isso significa que não também devemos fazer comparações. Elas só servem para nos chatear. Deus está satisfeito com quem você é. Portanto, você também deve estar satisfeita consigo mesma!

Se agora estamos vivendo pelo poder do Espírito Santo, sigamos a liderança do Espírito Santo em todos os aspectos da nossa vida. Então não precisaremos mais andar em busca de honras e de popularidade, que levam à inveja e aos maus sentimentos.

Gálatas 5.25-26

É a minha cara!

Quais são as pedras no *seu* caminho? Abaixo, circule tudo o que é um obstáculo entre você e sua identidade verdadeira:

- necessidade de ser perfeita
- desejo de ser descolada
- a opinião de minhas amigas
- a opinião da turma popular
- o que meus pais dizem
- o que vejo na TV, nos filmes, ou nas revistas
- coisas a meu respeito que não quero que ninguém saiba
- necessidade de impressionar os outros
- desejo de receber atenção
- medo de chamar atenção demais
- mentiras que invento para não me sentir esquisita
- necessidade de ser igual às minhas amigas

- sentimentos meus que não quero que ninguém conheça
- gozações dos outros porque tiro notas boas
- medo de ser excluída
- necessidade de nunca ficar para trás
- medo de que eu não seja boa o suficiente

Desenhe no espaço abaixo qualquer outra coisa que seja uma barreira para você.

Agora numere os obstáculos que você circulou de acordo com a importância: coloque “1” junto daquele que é o maior obstáculo para sua autenticidade, e assim por diante, até o último número, que corresponderá ao menor obstáculo.

O simples fato de conhecer as pedras em seu caminho (e o “tamanho” de cada uma delas) vai ajudá-la a descobrir o quanto você esconde sua identidade verdadeira. Esse é o primeiro passo para superar essas barreiras.

Há outros passos dos quais falaremos nos próximos capítulos. Por enquanto, faça uma lista dos obstáculos em seu diário e, sempre que anotar uma coisa nova, releia a lista para ver se fez algum progresso em vencer os obstáculos.

Estou convencido de que nada poderá nos separar [...] do amor de Deus que está em Cristo Jesus, o nosso Senhor.

Romanos 8.38-39

Se liga!

É quase impossível derrubar todas as barreiras que a impedem de fazer aquilo que é natural para você. Sempre haverá meninas invejosas, pais exigentes e pessoas que dirão coisas maldosas. Até seus próprios medos secretos costumam ficar à espreita num canto de sua mente. O fato de eles continuarem a existir, porém, não significa que você não possa vencê-los. O restante deste livro vai tratar disso.

Agora é com você

Pense em algo que você gosta de fazer, mas que nenhuma de suas amigas curte (ou que você nunca contou para elas).

Talvez seja algo tipo:

- ouvir um estilo de música que está totalmente fora de moda;
- ler seu livro favorito pela quinquagésima vez;
- treinar arremessos de basquete, dar estrela ou fazer malabarismos;
- brincar com sua boneca favorita (aquela que anda meio esquecida);
- cuidar de violetas ou outras plantas;
- desenhar uma coleção de roupas completa;
- brincar de pintura a dedo, aquarela ou massa de modelar.

Se for qualquer outra coisa, escreva aqui:

____

____

Agora reserve um tempo para si mesma e faça essa atividade.

Você vai precisar de:

- uma hora desta semana para fazer o que você curte;
- quaisquer objetos que forem necessários para realizar essa atividade (por exemplo, tintas, aparelho de som, utensílios de jardinagem).

Olha o que você vai fazer:

- Procure não pensar no que suas amigas diriam, nem se preocupar se seu irmão vai tirar um barato de sua cara.
- Curta essa atividade que tem tudo a ver com sua personalidade singular e autêntica.
- Aproveite cada minuto, como se estivesse saboreando seu sorvete preferido. Ser você mesma é uma experiência deliciosa!

Percebeu?

- Você gosta de sua própria companhia.
- Ser autêntica lhe dá uma sensação de leveza, não é? Lembre-se disso sempre que perceber que não está agindo com naturalidade.
- Que outras coisas você curtiria fazer da próxima vez?

E agora?

- Se possível, reserve um tempo para si mesma uma vez por semana.

- Divirta-se descobrindo aspectos novos de sua Identidade Singular!

Papo-cabeça

Ao passar uma hora inteirinha sendo simplesmente eu mesma, descobri que

4 Atenção: falar bobagens sobre si mesma é prejudicial à autenticidade

Melissa continuou deitada na cama, sem se mexer, respirando de forma profunda e pausada. Até fingiu roncar.

Mas Anna a cutucou com o pé e disse baixinho:

— A gente sabe que você não tá dormindo, Melissa.

— Ah, vai, Mê... — Lydia sussurrou do outro lado. — Você tem de ir com a gente!

Um travesseiro (provavelmente atirado por uma das meninas bagunceiras) voou pelo quarto e acertou Melissa em cheio. Enquanto ela sentava-se na cama, começou a sentir a boca secar.

— Ir aonde? — Melissa perguntou, fingindo-se grogue de sono.

Ela sabia muito bem o que as meninas estavam tramando, pois desde a hora de apagar as luzes não tinham parado de falar um minuto sobre sair de fininho do chalé e assustar os meninos no chalé deles. O coração de Melissa havia disparado logo no começo da conversa e ainda não tinha se acalmado.

— Dá umas ideias pra gente — disse Emily. — Você é supercriativa!

— E quer provocar os meninos tanto quanto nós — Anna completou. Em seguida, cutucou Melissa com o pé de novo. — Aliás, do nosso chalé, você é a garota mais louca por meninos.

— Além disso, se pegarem a gente, você dá um jeito de explicar tudo para os adultos. Eles sempre te ouvem e você sabe como enrolá-los direitinho — Lydia acrescentou.

Uma menina do Grupo das Bagunceiras protestou:

— *Peraí*, ninguém vai pegar a gente. A Melissa é a mais valentona do nosso chalé. Se ela for nossa líder, a operação vai ser um sucesso.

— Chega mais, pessoal! — Anna sussurrou.

Segundos depois, todas as meninas estavam reunidas ao redor de Melissa e a encaravam, como se ela já tivesse um plano completo em sua mente.

Mas na cabeça de Melissa só havia pânico total: “Por que tenho que ser a líder? Não sou todas essas coisas que elas pensam!”.

Sua vontade era dizer:

— É melhor a gente deixar quieto. Essa história vai acabar mal.

As meninas, porém, olhavam para ela cheias de expectativa, como se fosse a garota mais descolada — e criativa, e valentona e louca por meninos — do planeta. Como poderia dizer não?

“Elas vão descobrir que não eu sou quem elas pensam. E vão me odiar até o fim do acampamento!”.

Então se lembrou daqueles primeiros dias no acampamento, quando teve de passar a maior parte do tempo sozinha, até descobrir um jeito de fazer as meninas do chalé gostarem dela. Sentiu um nó no estômago.

— Tudo bem — disse bem devagar, sem a mínima ideia do que falaria em seguida.

Que história é essa?

Parece que Melissa está numa saia justa. E você deve ter notado que ela mesma criou essa situação ao tentar ser quem os outros queriam que ela fosse.

É isso que acontece quando você procura dar uma de camaleão. Mas Melissa (e você) não tem de agir como um pequeno lagarto que troca de cor para se adequar ao ambiente. (Além do mais, quem iria querer ser um réptil?) Você *não precisa* assumir uma personalidade diferente para que as pessoas gostem de você.

Agora que já começou a conhecer a si mesma e está se esforçando para vencer os obstáculos para a autenticidade, que tal aprender a pensar e dizer coisas verdadeiras sobre si mesma?

Para começar, você vai eliminar três bobagens de seu vocabulário. Em seguida, vai aprender a substituí-las por verdades a respeito de si mesma:

Bobagem nº 1 — "Sou tão ______________________"

Complete a frase acima com algum comentário depreciativo sobre si mesma. Aqui estão alguns exemplos:

"Sou tão gorda".
"Sou tão burra em matemática".
"Sou tão descoordenada em educação física".
"Sou tão esquisita quando dou risada".
"Sou tão ruim em educação artística".
"Sou tão boba que não sei fazer nada direito!"

Agora *pare* de falar consigo mesma dessa maneira. Você não diria essas coisas para suas amigas, então não as diga para si mesma! Não é nem um pouco legal.

Tente transformar essas frases negativas em algo positivo:

- "Sou tão gorda". ▶ "Vou comer algo saudável".
- "Sou tão burra em matemática". ▶ "Sou ótima em redação".
- "Sou tão descoordenada em educação física". ▶ "Adoro torcer pelo time da minha classe".
- "Sou tão esquisita quando dou risada". ▶ "As pessoas se divertem quando dou risada".
- "Sou tão ruim em educação artística". ▶ "Gosto de desenhar só por diversão".
- "Sou tão boba que não sei fazer nada direito". ▶ "Todo mundo sabe fazer bem alguma coisa".

Se não puder dizer nada bom sobre si mesma, diga algo positivo a respeito de outra pessoa:

- ("Sou tão gorda".) "Ela ficou uma graça com aquela roupa".
- ("Sou tão burra em matemática".) "Você é, tipo, a melhor da classe em matemática".

Ao elogiar alguém, *não* acrescente um insulto a si mesma: "Ela ficou uma graça com aquela roupa. Mas eu pareço uma baleia".

Ou, quem sabe, acrescente um pedido de ajuda: "Você é, tipo, a melhor da classe em matemática. Será que pode me ajudar com a lição de casa?".

Dessa forma, você continuará a ser gentil com os outros e, aos poucos, deixará de ser tão dura consigo mesma.

Bobagem nº 2 — "Não consigo ____________________"

Complete a frase acima com algo que você nem sequer se esforçou muito para fazer. Coisas do tipo...

"Não consigo ir a uma festa em que não conheço ninguém".

"Não consigo falar em público".

"Não consigo aprender a (nadar, dançar, abrir espacate, patinar, fazer *cupcakes*, comer lagosta...)".

"Não consigo me dar bem com meus irmãos".

"Não consigo ir à escola quando minhas amigas estão bravas comigo".

É natural sentir certo pânico ao experimentar algo novo (desde uma novidade grande, como mudar de escola, até uma nova experiência pequena, como comer sushi pela primeira vez). Mas ninguém sabe se é capaz ou não de fazer alguma coisa antes de tentar para valer. Se você se esforçar ao máximo e chegar à conclusão de que não consegue fazer algo, significa que precisa de uma ajudinha (por exemplo, numa matéria na escola ou num relacionamento importante) ou que não leva jeito para a coisa (por exemplo, uma atividade esportiva ou artística). De qualquer forma, pelo menos você sabe que tentou, o que reforça sua autoconfiança. Além do mais, na maioria das vezes você vai acabar descobrindo que *consegue* fazer algo que parecia difícil. Então, em vez de dizer "Não consigo", diga "Vou tentar".

Se liga!

Detestar uma característica sua a torna mais falsa, e não mais verdadeira. Sabe por quê? Se você detesta essa qualidade, vai tentar escondê-la e assumir outra identidade. Em contrapartida, se encará-la como um desafio ou simplesmente aceitá-la, poderá continuar sua busca pela autenticidade.

"Não gosto de ir a festas em que não conheço ninguém, mas posso tentar fazer novas amizades na festa de hoje".

"Fico tímida quando preciso falar em público, mas posso tentar apresentar o seminário para minha família antes de apresentá-lo na escola".

"Ainda não sei nadar, mas vou experimentar fazer aulas de natação".

"Meu irmãozinho me deixa louca, mas vou tentar ser legal com ele durante uma semana pra ver o que acontece". (Ou: "Vou tentar não brigar com ele por pelo menos três dias".)

"Minhas amigas da escola estão bravas comigo, mas vou tentar fazer as pazes".

Se liga!

Todas nós temos limites para as coisas que podemos fazer, por isso é importante você começar a descobrir os seus. Por exemplo: de quantas horas de sono seu corpo necessita por noite, quanto tempo você precisa para si mesma por dia ou semana (já reparou que temos de ficar sozinhas de vez em quando para "recarregar a bateria"?), quanta frustração você consegue aguentar antes de explodir (e sair por aí querendo esganar meio mundo), e seu estilo de aprendizado (algumas pessoas preferem ouvir, outras têm mais facilidade de aprender com métodos visuais, e assim por diante). Converse com seus pais sobre isso. Desde que você nasceu, eles vêm descobrindo seus limites naturais e podem ajudá-la na hora de escolher coisas novas para experimentar.

Bobagem nº 3 — "Queria tanto ____________________"

Todas nós temos a tendência de dizer isso quando desejamos que algo fosse diferente:

"Queria tanto não ser mais alta do que todas as outras meninas da minha classe".

"Queria tanto ser engraçada".

"Queria tanto não me magoar à toa".

"Queria tanto ser a melhor em alguma coisa... qualquer coisa!"

Da próxima vez que sentir vontade de dizer "Queria tanto...", avalie se é algo que você pode mudar ou se é algo que você precisa simplesmente aceitar. Por exemplo, você não pode mudar sua altura, seu nariz ou o formato de seu rosto. Aliás, por que iria querer fazer isso? Afinal, essas coisa têm a ver com sua aparência, e não com sua identidade. É legal cuidar da aparência, mas desde que seja com o objetivo de se sentir bonita de dentro para fora, e não para que outras pessoas gostem de você.

Você não pode mudar suas características de nascença, mas pode fazê-las brilhar. Talvez você não seja engraçada, mas quem disse que precisa ser? Use seu talento para encorajar as pessoas, para incentivá-las a falar sobre si mesmas ou para ajudá-las a enxergar que estão prestes a fazer algo que não vai ser legal para elas.

Todas podemos ser excelentes em alguma coisa. Chega de competição! É verdade que, nas Olimpíadas, tem só uma medalha de ouro para patinação artística. Mas há milhões de meninas no mundo inteiro se esforçando para melhorar seu desempenho nesse esporte e se divertindo pra caramba com isso! O mesmo vale para qualquer outra coisa que você faça. Esqueça os prêmios e as medalhas e seja a melhor versão *de si mesma*!

Assim, em vez de dizer "Queria tanto...", comece a dizer "Sempre me esforço para...".

"Sempre me esforço para parecer exatamente comigo mesma".

"Sempre me esforço para dar às minhas amigas o melhor de mim".

"Sempre me esforço para ver o lado da outra pessoa antes de chegar à conclusão de que ela me magoou de propósito".

"Sempre me esforço para melhorar nas coisas que *preciso* fazer e nas coisas que *amo* fazer".

É a minha cara!

É hora de conferir que bobagens você costuma dizer ou pensar sobre si mesma. Por que fazer isso? Porque identificá--las vai ajudar você a ficar esperta e combater essa prática prejudicial à sua autenticidade. Vamos lá? Circule cada área de sua vida em que você costuma falar mal de si mesma. Se estiver faltando alguma, anote no espaço em branco.

Quando você diz coisas negativas usando "Sou tão ______________________" , elas se referem a que áreas abaixo?

- minha altura
- meu peso
- meu rosto
- como me saio na escola
- minhas habilidades esportivas
- meu cabelo
- minha popularidade
- meu relacionamento com os outros
- se sou extrovertida ou introvertida
- meus talentos artísticos
- meu jeito de rir
- meu jeito de falar

Alguma outra coisa? ______________________

Quando você diz "Não consigo ______________________" , costuma se referir a que áreas abaixo?

- esportes
- malhação
- atividades ao ar livre
- matérias da escola
- como me organizo na escola
- como me comporto na escola
- meu relacionamento com os professores
- meu relacionamento com outras meninas
- meu relacionamento com minha família
- minha aparência
- tarefas domésticas
- atividades artísticas

Alguma outra coisa? ______________________

Quando você diz "Queria tanto ______________", a que áreas abaixo se refere?

- dinheiro
- coisas materiais
- meu quarto
- minha família
- matérias da escola
- professores
- meu dia na escola
- esportes
- a turma da escola
- hobbies
- meu corpo
- animais de estimação
- igreja
- amigas
- atividades artísticas
- minha aparência

Alguma outra coisa? ______________________

Olhe para as áreas de sua vida que você circulou. Em seu diário, faça uma lista de todas as coisas que você diz ou pensa sobre si mesma em cada uma dessas áreas.

Exemplos:

- Popularidade — "Nem sonhando que eu faço do grupo de meninas descoladas".
- Como me organizo na escola — "Nunca consigo encontrar nada. Minhas coisas são uma bagunça total".

- Professores — "Se eu fosse mais inteligente, talvez a professora gostasse de mim".

Agora livre-se de todas essas bobagens e as substitua pela verdade:

- "Sou descolada o suficiente para começar minha própria turma de amigas".
- "Posso pedir para a professora me ajudar a ser mais organizada. Quem sabe posso aproveitar e pedir para ela esclarecer minhas dúvidas dessa matéria".

E Deus com isso?

Você não vai conseguir se livrar de todas as bobagens que pensa a seu próprio respeito num passe de mágica. Não é fácil, pois, como vimos, o mundo ao redor vive dizendo para você procurar defeitos em si mesma. Mas lembrar-se da forma como Deus fala de você vai ajudá-la nessa tarefa. Confira:

> *Meus filhos queridos, não vamos apenas falar de amor; vamos praticar o amor verdadeiro. É o único modo de saber se estamos vivendo a realidade de Deus. É também o caminho para acabar com as autocríticas que nos enfraquecem, mesmo quando procedem. Deus é maior que nosso coração ansioso e sabe mais a nosso respeito que nós mesmos.*
>
> *1 João 3.18-20 (A Mensagem)*

Essa passagem diz que encontramos descanso quando entendemos que Deus não concorda com as coisas horríveis e maldosas que dizemos sobre nós mesmas. Muito pelo contrário. *Ele* diz o seguinte:

Você está sempre comigo e tudo o que tenho é seu.

Lucas 15.31

Na parábola que Jesus contou sobre o filho pródigo, o pai disse essas palavras ao filho que *não* tinha dado no pé e tentado viver como bem entendia. O pai representa Deus que fala a mesma coisa para você. Não se trata apenas de palavras, mas da sensação de autenticidade que você tem quando está sendo quem Deus a criou para ser. Nos momentos em que está sendo natural e sincera, você se sente forte, não é? Essa é a presença de Deus. Você está com ele e tudo o que ele tem é seu. São palavras que fazem muito bem para nossa alma!

E quando ainda estava longe, seu pai o viu, e seu coração se encheu de compaixão, e ele correu em direção ao seu filho, o abraçou e beijou.

Lucas 15.20

Nessa mesma parábola, quando o filho que desperdiçou todo o seu dinheiro e tempo volta para casa, Jesus diz que Deus nos ama mesmo quando erramos. Ele se alegra quando nos damos conta de que fizemos uma besteira e voltamos para ele. Deus diz ao outro filho, aquele que está chateado porque ninguém fez uma festa para ele por seu bom comportamento:

Porém é justo comemorarmos, pois ele é o seu irmão; estava morto e voltou a viver, estava perdido e foi achado!

Lucas 15.32

Ele não diz: “Seu irmão é um irresponsável”, “Pensa que dinheiro é mato” ou “Como seria bom se ele fosse como você”. Ele o enxerga como seu filho aventureiro, que quer ser independente, que está pronto para aprender a usar essas características de sua personalidade da forma correta. Deus também enxerga *sua* personalidade verdadeira e a recebe de braços abertos quando você "volta para casa", isto é, quando você encontra sua Identidade Singular. Isso inclui pensar e falar apenas a verdade sobre si mesma: que você é preciosa para Deus e que sua vida está "em obras". Portanto, dê um basta em qualquer bobagem que costuma pensar ou dizer sobre si mesma.

Agora é com você

Uma das melhores coisas que você pode fazer para deixar de pensar e dizer bobagens sobre si mesma é ser grata por tudo o que há de maravilhoso em você e em sua vida. Para começar, faça um *baú de tesouros*.

Você vai precisar de:

- Uma caixa (pode ser de sapato). Se quiser caprichar ainda mais, pergunte à sua mãe se você pode usar uma caixa de presente que esteja sobrando ou até uma caixa de plástico que ela use para guardar coisas. Antes de pedir, porém, pense em onde poderá guardá-la!
- Itens decorativos. Pense no baú de tesouros perfeito e use qualquer material que quiser para enfeitá-lo como você o visualizou. Não precisa ser parecido com o baú dos Piratas do Caribe. Você pode criar um estilo diferente (alternativo, moderno ou elegante).

Olha o que você vai fazer:

- Enfeite sua caixa até que fique a sua cara.
- Coloque dentro dela um monte de coisas que representam o que há de mais maravilhoso em você e em sua vida. Algumas ideias:

- fotos de você com sua família e seus amigos, ou de momentos especiais;
- algum trabalho artístico que você tenha feito;
- histórias escritas por você;
- bilhetes e cartões que outras pessoas lhe deram, expressando o carinho delas por você;
- *souvenirs* das suas atividades (uma camiseta assinada por todo o seu time de vôlei, uma sapatilha de balé que não lhe sirva mais, a partitura de uma música que você aprendeu a tocar no piano...);
- lembranças de ocasiões especiais (um guardanapo da lanchonete que você foi com suas amigas, uma entrada de cinema de um filme que você curtiu muito...);
- qualquer coisa que expresse algo positivo a seu respeito (sua flor favorita que você guardou entre as páginas do livro que você mais gosta, uma bola de vôlei em miniatura, seu nome escrito com lantejoulas...).

- Escreva uma carta para si mesma, falando sobre todas as suas qualidades que você curte. Cite tudo o que você adora sobre sua vida. Prometa a si mesma que vai se esforçar para nunca desprezar nada disso, nem desejar *ser* algo mais ou *ter* algo mais. Enfeite a carta para que fique com a sua cara e guarde-a em seu baú de tesouros.

Percebeu?

- Sua vida é um grande tesouro.
- Há muitas coisas sobre sua vida pelas quais você pode ser grata.
- Você descobriu o que realmente importa para você.
- Você entendeu que é muito importante para Deus.

E agora?

- Sempre que descobrir alguma coisa nova sobre si mesma, adicione-a ao baú de tesouros. Vai ter coisas novas com frequência!
- Abra seu baú de tesouros sempre que desejar, mas principalmente quando perceber que está tendo uma crise de "Queria tanto...", "Sou tão..." ou "Não consigo...". Isso vai ajudá-la a se lembrar de que essas palavras são bobagens e logo você começará a falar a verdade sobre si mesma e se valorizar. Afinal, somos mais autênticas quando nos amamos mais.

Papo-cabeça

Quando estava enchendo meu baú de tesouros, senti

5 Clonagem? Tô fora!

Melissa, que mal podia conter as lágrimas, tremia da cabeça aos pés diante de Jerry. Ele era *apenas* o coordenador do acampamento e podia mandar Melissa e todas as meninas do seu chalé de volta para casa a qualquer instante. Quem não teria vontade de chorar numa situação dessas?

Talvez Anna. Estava em pé ao lado de Melissa, os braços cruzados e o queixo levantado, como se desafiasse Jerry a acusá-la de estar fora do chalé depois do horário de dormir. Detalhe: elas haviam sido pegas *em flagrante*, se escondendo atrás dos arbustos do lado de fora do chalé dos meninos.

"Anna não dá a mínima para o que ele pensa" — Melissa disse para si mesma. — "Queria tanto ser assim."

Do outro lado estava Emily, que fungava como se tentasse segurar uma crise de soluços, mas Melissa sabia que não era o caso. Ela estava engolindo o riso. Naquele instante, a coisa que Melissa mais queria era poder trocar sua vontade de chorar pela atitude de Emily que achava tudo uma piada.

— E aí? — disse Jerry, o olhar sério voltado para as meninas. — Alguém quer dar alguma explicação?

Lydia soltou um suspiro dramático, abriu um sorriso mais brilhante do que os faróis de um carro e falou para Jerry:

— A gente se empolgou um pouco. Coisa de menina!

Lydia piscou várias vezes para Jerry. Embora fosse a primeira vez que Melissa via uma menina jogar charme para cima de alguém, sabia que era isso que Lydia estava fazendo. Melissa olhou para

Jerry. Ele colocou a mão frente da boca tentando esconder o sorriso que, ainda assim, apareceu em seus olhos.

"Ela vai conseguir se safar dessa!" — Melissa pensou. — "Agora, se eu tentasse fazer isso..."

Ela *nunca* iria tentar. Não sabia fazer charme para conseguir algo, como Lydia. Naquele instante, porém, queria ter essa habilidade.

Ela não sabia ser descolada como Anna, nem levar tudo na brincadeira como Emily.

De repente, Melissa se deu conta de que tentar imitá-las era exatamente a razão pela qual estava ali, na frente do coordenador do acampamento. Se tivesse feito o que *ela* queria, ainda estaria deitada em seu beliche. Melissa levantou a mão lentamente. Jerry fez que sim com a cabeça.

— A verdade — Melissa confessou — é que alguém teve a ideia de assustar os meninos...

Anna acotovelou Melissa, mas ela continuou a falar. Algumas lágrimas escaparam enquanto ela contava toda a verdade. Era a única coisa que sabia fazer.

Que história é essa?

Melissa mandou bem! Parece que ela finalmente está caindo na real.

Mas precisou quase ser expulsa do acampamento para entender que o melhor é ser autêntica. Entrar no Beco da Comparação foi o que a meteu nessa encrenca.

Você sabe do que estou falando...

"Não sou tão inteligente quanto ela".

"Ela é bem mais bonita do que eu".

"Queria ser popular igual a ela".

"Detesto o fato de ela jogar handebol bem melhor do que eu".

"Comparados com os desenhos dela, os meus parecem rabiscos de uma criança de 3 anos".

"Queria tanto ser engraçada como minha irmã. A família inteira acha que ela é o máximo".

E esse é apenas o primeiro trecho do Beco da Comparação. Se você continuar nele, logo fará a próxima curva e se pegará dizendo:

"Bom, pelo menos não sou exibida igual a ela por causa de suas notas altas".

"Posso não ser tão bonita, mas sou bem mais simpática do que ela".

"Ser popular igual a ela pra quê? Ela se acha!".

Já deu para ter uma noção, certo? Se você chegar na última curva, vai se pegar dizendo: "Ei, meninas! Fiquei sabendo que ela tira notas 10 porque cola nas provas. Assim, até eu!".

A essa altura do campeonato, você vai estar bem longe de sua identidade verdadeira e será muito difícil encontrar o caminho de volta.

Mas como isso acontece?

Você se concentra tanto em quem você *não é* que não pensa mais em quem você *é*, ou seja, em sua Identidade Singular, sem se comparar aos outros.

Quando você se compara com as outras meninas e se acha inferior a elas, fica difícil conviver com esse pensamento, por isso você encontra maneiras de rebaixá-las também. Uma vez que essa não é a maneira como você realmente quer se comportar, não está sendo autêntica.

Quando rebaixar outras meninas em seus pensamentos não a faz sentir-se melhor, você começa a falar mal delas para suas amigas. Imagina que talvez vá se sentir menos "inferior" ao fazer aquela pessoa "superior" ficar infeliz. No fim das contas não funciona, pois, lá no fundo, você detesta o que está fazendo (tornando-se alguém que você não é).

Horrível, não? Então como interromper esse ciclo? Não é nada fácil, pois o mundo em que vivemos compara as pessoas umas com as outras o tempo todo. Por exemplo:

- As Olimpíadas comparam atletas para ver quais são os melhores do mundo.
- Todos os esportes possuem sua própria versão da Copa do Mundo para determinar qual time é o campeão.
- Concursos de beleza definem quem é a mais bonita.
- É provável que você saiba quem é o aluno mais inteligente de sua classe.

Competir pode ser divertido e desafia as pessoas a se esforçarem. Mas não serve para dizer se alguém é melhor ou pior que outros. E *com certeza* não é algo que você deve fazer em situações do cotidiano. Qual é a vantagem de ficar se perguntando:

"Será que meus pais me amam tanto quanto amam meus irmãos?"

"Sou mais inteligente ou mais burra do que o resto da classe?"

"Meus trabalhos de educação artística são os melhores da turma?"

"Recebo tanta atenção na escola quanto minha melhor amiga?"

"Sou convidada para tantas festas quanto as 'meninas descoladas'?"

"Faço a coreografia melhor do que as outras meninas do grupo?"

Em vez disso, pergunte-se: "Quem se importa?". É sério. Importa se você é ou não a criatura mais inteligente, mais talentosa, mais popular ou mais amada do planeta?

É claro que não! O que importa é se você:

- trata sua família da forma mais afetuosa que você pode;
- faz o melhor que você pode na escola;
- desenvolve seus talentos ao máximo;
- trata os outros como você gostaria de ser tratada;
- pede ajuda quando precisa;
- não desiste quando você comete um erro.

A única pessoa com quem você deve se comparar é com você mesma ontem. Está conseguindo ser um pouco mais autêntica hoje? Esse é o objetivo da aventura em busca da Identidade Singular!

É a minha cara!

Com quem você se compara? Responda a cada uma das perguntas abaixo com sinceridade. Vale dizer "não" ou "ninguém" se essa for sua resposta verdadeira:

- Quem é o(a) aluno(a) mais inteligente de sua classe?

  ____

- Você se acha mais ou menos inteligente do que ele(a)?

  ____

- Você tem vontade de desistir ou de competir com ele(a)?

  ____

- Que menina de sua classe se sai melhor nos esportes?

  ____

- Você gostaria de jogar tão bem quanto ela?

  ____

- A habilidade dela faz você ter vontade de desistir ou "derrotá-la" mesmo que ela esteja no mesmo time que você?

  ____

- Qual é seu maior talento?

  ____

- Você conhece alguma menina de sua idade que, em sua opinião, é mais talentosa nessa área do que você?

____

- O talento dela faz você ter vontade de desistir ou de tomar o lugar dela?

____

- Quem é a menina mais popular que você conhece?

____

- Você acredita que as pessoas têm motivos para gostar mais dela do que de você?

____

- A popularidade dela faz você se sentir um zero à esquerda ou lhe dá vontade de tomar o lugar dela como Rainha da Popularidade?

____

- Quem você acha que é a queridinha da professora?

____

- Ao vê-la agir como a queridinha da professora, você sente vontade de se comportar mal durante as aulas ou de tomar o lugar dela?

____

Olhe para suas respostas. Se respondeu "não" ou "ninguém" pelo menos uma vez, parabéns! Você nem sempre entra no Beco da Comparação e espero que fuja desse caminho cada vez mais daqui em diante. No caso das perguntas cujas respostas foram diferentes de "não" ou "ninguém", pense no que você respondeu e dê uma boa gargalhada.

Ria pra valer, pois é bobagem gastar neurônios pensando em quem é melhor ou pior. Pegue leve consigo mesma e pare de se comparar com os outros! Ficar competindo o tempo todo é muito menos divertido do que apenas dar o melhor de si.

E Deus com isso?

Parar de se comparar com os outros não é só uma questão de sentir-se melhor consigo mesma. Se você ficar presa no Beco da Comparação pode acabar não descobrindo verdades importantes sobre sua vida. Verdades que vêm de Deus.

O Senhor criou todas as partes internas do meu corpo;
uniu todas essas partes para formar o meu corpo, enquanto
eu ainda estava no ventre de minha mãe.
Agradeço ao Senhor por me ter criado de maneira tão
perfeita e maravilhosa! Suas obras são maravilhosas;
e eu sei disso muito bem.
O Senhor conhecia perfeitamente cada osso do meu corpo
que estava sendo formado enquanto eu ainda estava no ventre
da minha mãe, como a semente que cresce debaixo da terra.
Antes mesmo de o meu corpo tomar forma humana,
o Senhor já havia planejado todos os dias da minha vida;
cada um deles estava registrado no seu livro, antes de
qualquer um deles existir!

Salmo 139.13-16

Você foi feita sob medida. Criada para ser uma pessoa singular. Formada com um propósito único, diferente de qualquer outra pessoa. Agora pense no seguinte: se Deus tem um plano especial e único para sua vida, que ele definiu *antes mesmo de começar* a criá-la, você não concorda que faz sentido ele ter lhe dado a personalidade perfeita para executar esse plano? E sua personalidade é absolutamente única, pois cada pessoa também tem um plano único. Não há, portanto, um “modelo” a ser copiado por todos!

Ah, e sobre o plano:

> *Porque sou eu que conheço os meus planos sobre vocês, diz o SENHOR, planos de bem; não são planos de sofrimento. Eu lhes darei aquilo que mais desejam: um futuro de paz em sua própria terra.*
>
> *Jeremias 29.11*

Por que perder aquilo que Deus tem reservado para você (de acordo com o plano que ele definiu para sua vida) tentando ser outra pessoa? Esse plano é o melhor *para você*!

Se liga!

O mesmo vale para se comparar com os outros e chegar à conclusão de que você é *melhor* do que eles! São pensamentos do tipo: “Não sou tão bonita, mas sou *bem mais* inteligente”. Jesus falou disso na história sobre o fariseu que orou: “Eu lhe agradeço, ó Deus, porque não sou como os outros homens” (Lc 18.11). Se, como ele, você anda por aí com o nariz empinado, vai acabar dando de cara no chão. Jesus diz para você estar satisfeita com quem você é (nem mais nem menos). Afinal, Deus achou que valia a pena morrer pela pessoa que você é.

É a minha cara!

Uma forma de evitar o Beco da Comparação é gostar tanto de ser quem você é a ponto de lhe parecer um verdadeiro absurdo imaginar como seria ser outra pessoa. Experimente fazer esse teste só para dar umas boas risadas. Será ainda mais divertido fazê-lo com suas amigas. (É um ótimo teste para fazer numa festa do pijama.)

Em cada categoria, escolha a resposta que tem mais a ver com você ou anote sua própria ideia no espaço fornecido. (Por exemplo, sou prática como uma mochila.)

- Se eu fosse uma peça de acessório, eu seria um(a)

  ________________________________.

  bijuteria | mochila
  bolsa de camurça | boné

- Se eu fosse um cachorro, eu seria um

  ________________________________.

  labrador | poodle toy
  dobermann | beagle

- Se eu fosse uma cor, eu seria

  ________________________________.

  cor-de-rosa | verde
  vermelho | amarelo

- Se eu fosse uma música, eu seria um(a)

  ________________________________.

  rock pesado | rap divertido
  canção lenta | ópera dramática

- Se eu fosse um lugar em que se vende comida, eu seria

  ____.

  uma lanchonete
  um restaurante sofisticado
  um restaurante vegetariano
  uma padaria

- Se eu fosse um sofá, eu seria

  ____.

  de couro legítimo
  grande, com almofadas superconfortáveis
  elegante e moderno
  de estilo retrô

- Se eu fosse uma viagem de férias, eu seria

  ____.

  uma semana num parque aquático
  um cruzeiro pelo Caribe
  uma turnê pela Europa
  um acampamento nas montanhas

Agora, junte tudo o que você respondeu e veja se suas escolhas descrevem bem sua identidade verdadeira.

Aqui está o exemplo de Melissa:

Meu nome é Melissa McPherson e sou prática e versátil como uma mochila. Sou como um beagle que leva as coisas a sério mas adora brincar. Eu me identifico com a cor azul porque ela me deixa bem tranquila, como o refrão de uma canção lenta. Se precisar de ajuda, pode se apoiar em mim, pois sou como um sofá grande e confortável, mas também tenho espírito de aventura e adoro acampar. Essa sou eu, Melissa McPherson. Prazer em conhecê-la.

Se não quiser escrever um parágrafo, tudo bem, mas descreva a si mesma para pessoas que a conhecem bem e desafie-as a fazerem o teste também. Vai ser divertido descobrir que seu lado poodle nem sempre se entende com o jeito dobermann de seu irmão! Também vai ser legal ver que você e sua amiga podem se divertir um bocado juntas, pois ela é alegre como uma semana num parque aquático e você é aventureira como um acampamento nas montanhas!

Que história é essa?

Se você já está ligada que ser autêntica é divertido, então está pronta para entender a diferença entre querer *ser* uma pessoa e querer ser *como* essa pessoa em determinado aspecto.

Vamos supor que você admire muito uma menina um pouco mais velha do que você, quem sabe uma amiga de sua irmã. Pode ser que você goste da forma como ela trata você de igual para igual, e não como uma chata intrometida. E talvez você tenha notado que ela está sempre disposta a experimentar algo novo, até mesmo a torta de couve-de-bruxelas que sua mãe inventou. Além disso, essa garota consegue ser sincera sem magoar as pessoas. Você quer ser parecida com ela quando ficar mais velha.

Isso não significa que você deseja ser um clone dessa menina. Ela simplesmente age de uma forma que você admira, de modo que não há nada de errado em você querer agir da mesma forma. Na verdade, é uma coisa positiva, pois o que você admira nela é o que Deus quer ver em todas nós: bondade, autoconfiança e sinceridade.

Pense numa pessoa que você admira e respeita, até mesmo entre as meninas e os meninos de sua idade. O que ele(a) tem que o(a) torna especial? Quem sabe, essa pessoa:

- não fica brava por qualquer bobagem;
- trata cada um como alguém de grande valor;
- parece estar satisfeita com o que tem;
- não é orgulhosa;
- gosta de dividir o que tem com os outros;
- costuma animar as pessoas;
- faz os outros sorrirem em vez de franzirem a testa;
- se entristece quando algo ruim acontece com alguém, mesmo que não tenha amizade com a pessoa;
- comemora as conquistas dos outros, em vez de sentir inveja;
- apoia os amigos quando eles precisam de ajuda;
- inspira confiança;
- tem uma atitude positiva em vez de reclamar o tempo todo;
- não desiste fácil das coisas.

Não importa se essa pessoa é quieta ou se é o palhaço da turma. Também não importa se ela gosta de jogar futebol ou se vive com o nariz enfiado nos livros. O que importa é que ela tem essas qualidades tão bacanas. Não tem a ver com sua personalidade, ou com as roupas que ela veste, ou com os troféus que ela conquistou. Tem a ver com a forma como essa pessoa *ama* os outros. E é legal você querer seguir o exemplo dela. Aliás, esse é o único aspecto no qual Deus deseja que todos nós sejamos iguais.

E Deus com isso?

Está na cara que as pessoas que moravam numa cidade chamada Corinto, lá no início do cristianismo, estavam presas no Beco da Comparação que, como você já deve ter percebido, é um beco sem saída. Viviam discutindo entre si. Quem era o melhor em falar em línguas desconhecidas? Por que uma pessoa tinha o dom de profecia e outra não? Essa mulher podia curar um doente com sua fé, mas aquela outra podia mover montanhas. Uma pessoa tinha vendido metade de seus bens e doado o dinheiro aos pobres, então a outra resolveu vender *tudo*...

Estavam fazendo uma grande confusão. Então, Paulo escreveu uma carta dizendo para elas saírem dessa. Cada uma tinha um dom e devia usá-lo em benefício da comunidade inteira. Paulo disse que não importava como estavam usando seus talentos, pois se *todos* não começassem a amar uns aos outros como Jesus tinha feito, não adiantaria nada.

Paulo explicou que Deus quer que *todos* sejam *iguais* na maneira de amar:

> O amor é paciente e bondoso, nunca é invejoso ou ciumento, nunca é presunçoso nem orgulhoso, nunca é grosseiro, nem egoísta. Não é irritadiço, nem melindroso. Não guarda rancor. O amor nunca está satisfeito com a injustiça, mas se alegra quando a verdade triunfa. O amor tudo sofre, sempre crê, sempre espera o melhor, tudo suporta.
>
> 1Coríntios 13.4-7

Quando você descobre alguém que ama dessa maneira, essa pessoa pode se tornar um *modelo* para você. Ao observar essa pessoa, você pode aprender como expressar o amor de Deus da mesma maneira. Você não a estará copiando. Estará sendo influenciada por ela. Quer ver alguns exemplos?

Isto é olhar para alguém como modelo: Seu professor fala algo positivo para cada aluno que entra na sala de aula de manhã. Você decide fazer a mesma coisa em relação aos colegas que sentam-se perto de você. Depois também passa a fazê-lo em casa, na hora do café da manhã.

Isto é tentar ser outra pessoa: Sua melhor amiga tem uma risada contagiante da qual todos gostam. Você treina durante horas para rir igual a ela.

Isto é olhar para alguém como modelo: A adolescente superlegal que toma conta de seus irmãos nunca grita com seu irmão mais novo, que é conhecido como "o terror das babás". Ela brinca de esconde-esconde com ele, trata-o como se fosse seu amigo e sorri para ele com frequência. Você decide ser mais gentil com ele, em vez de gritar todas as vezes que ele entra em seu quarto.

Isto é tentar ser outra pessoa: Uma das meninas populares da escola costuma contar piadas na hora do intervalo. Você memoriza várias piadas e começa a contar uma assim que essa menina senta-se perto de você.

Ora, Deus nos dá diferentes tipos de dons, porém o Espírito Santo é a fonte de todos eles.

1Coríntios 12.4

Agora é com você

Uma coisa bem legal para você fazer agora é uma *lista de quem eu admiro*. Escreva o nome de pessoas que você conhece que possuem as qualidades mencionadas na seção "E Deus com isso?".

Você vai precisar de:

- um pedaço de papel do tipo mais bonito que você puder encontrar;
- suas canetas e lápis favoritos;
- adesivos, purpurina e o que mais você quiser usar para enfeitar sua lista (opcionais).

Olha o que você vai fazer:

- Escreva o nome de todas as pessoas que você admira e que amam da maneira como Deus quer que amemos.
- Se desejar, enfeite sua lista.
- Deixe espaço para outros nomes à medida que você for descobrindo novas pessoas.

Percebeu?

- Essas são as qualidades que você quer desenvolver em si mesma.
- Você quer passar tempo com pessoas que admira.

E agora?

- Talvez você queira guardar essa lista junto com seu diário para consultá-la de vez em quando e ver como é maravilhoso que essas mesmas qualidades estão se desenvolvendo em você.
- Ame ainda mais sua identidade verdadeira.

Papo-cabeça

Quando terminei de fazer minha lista, descobri que a pessoa que mais admiro no mundo é ______________________ e isso revela algo sobre mim (você pode escrever a resposta em seu diário, se desejar).

____

____

____

____

____

6 Pé na estrada!

Melissa sentiu-se sem jeito, como se alguém a estivesse observando. Parou de pintar o baú de tesouros que estava fazendo na oficina de artes do acampamento e olhou em volta de relance. Descobriu o motivo da sensação estranha: Anna a encarava com um olhar fuzilante.

— Você sabe que é sua culpa a gente não poder ir à reunião da fogueira na praia hoje à noite, né? — disse Anna.

Agora era a vez de Melissa de encarar Anna.

— *Como assim*? — Melissa perguntou.

Lydia jogou o pincel na mesa, espirrando tinta azul para todo lado.

— Se você não tivesse confessado tudo para o Jerry, tipo, logo de cara — Lydia reclamou — eu teria levado ele no bico direitinho.

Anna resmungou:

— Mas, nããão... Você tinha que dar uma de *superultramegaresponsável*!

— Cara, não achava que você ia fazer uma coisa dessas — disse uma das meninas bagunceiras lá da outra ponta da mesa. Levou para trás o pincel cheio de tinta vermelha como se fosse atirá-lo em Melissa. Felizmente, a testa franzida da instrutora de artes fez a menina mudar de ideia.

A única pessoa na mesa que não estava encarando Melissa era Emily. Ela mastigava a ponta do cabo do pincel enquanto olhava fixamente para seu baú de tesouros, ainda sem pintura.

"Ela parece tão chateada quanto eu" — Melissa pensou.

Desde a noite passada, quando Melissa contou a Jerry a verdade sobre a escapadela e o plano de assustar os garotos, o resto das meninas do chalé tratava Melissa como se ela tivesse sarna. Todas, exceto Emily, que se comportava como se *ela própria* estivesse pesteada. Emily parecia se retorcer e se coçar o tempo todo e mantinha a cabeça baixa, como se não quisesse que ninguém a visse.

"Será que estou igual a ela?" — Melissa se perguntou. — "Agindo como se eu fosse a única pessoa que fez alguma coisa errada?"

Sim, ela havia escapulido do chalé junto com as outras meninas. Mas quando foram pegas, todas deixaram para Melissa dar explicações a Jerry.

Só depois de abrir o jogo e contar que tinham desobedecido às regras do acampamento sem qualquer justificativa, Melissa se deu conta de que as outras garotas esperavam que ela inventasse uma "versão criativa dos fatos". Ou que as liderasse numa rebelião de garotas valentonas. Ou que jogasse charme para cima de Jerry para evitar o castigo.

Melissa sentou-se e analisou o coração que tinha pintado em seu baú de tesouros.

"A gente tá fazendo esse baú para enchê-lo de coisas que representam nossa identidade verdadeira" — pensou. Por enquanto, Melissa planejava colocar em seu baú o diário que tinha começado no acampamento, uma linda conchinha que tinha encontrado enquanto caminhava sozinha na praia e a lista de pessoas que admirava. A primeira pessoa da lista era o próprio Jerry, por ser justo e sincero, exatamente como ela queria ser.

— Você não vai pedir desculpa? — Lydia perguntou.

Melissa balançou a cabeça devagar e disse:

— Não, porque *não* tô arrependida. Eu não consegui inventar uma mentira, agir como se fosse valentona ou jogar charme para cima do Jerry, porque não sou assim.

— Hã? — alguém perguntou da outra ponta da mesa.

— Eu fui sincera porque sou assim — Melissa disse.

Anna revirou os olhos.

— Vai ver que você só *imagina* que é sincera.

— A Melissa tá certa.

Todas se voltaram para Emily. Pela primeira vez naquele dia, ela olhava para Melissa. Seus olhos, normalmente brilhantes e marotos, estavam redondos e sérios.

— Eu devia ter feito o que você fez, Melissa — disse Emily. — Você vai ser a primeira na minha lista de pessoas que eu admiro.

Que história é essa?

É isso aí, Melissa! Ela descobriu que a estratégia de imitar as outras meninas para que gostassem dela não funcionou. Apenas quando Melissa agiu com autenticidade conseguiu fazer sua primeira amizade verdadeira no acampamento. Além disso, descobriu algumas qualidades superimportantes em si mesma: é sincera, responsável e muito corajosa.

Como ela descobriu isso? Praticando a autenticidade! Você pode aprender mais sobre si mesma não apenas fazendo um diário ou mudando o que fala e pensa sobre si mesma, mas também:

- fazendo aquilo que você sabe que é certo, mesmo que não seja divertido;
- amando os outros, mesmo quando não é fácil;
- fazendo o que é necessário, ainda que prefira fazer outra coisa;
- esforçando-se para fazer algo, mesmo que exija algum sacrifício;
- fazendo aquilo que é importante para você, ainda que não seja para nenhuma de suas amigas;
- fazendo o que Deus parece estar lhe dizendo para fazer, mesmo que não seja o que você planejou.

Dessa forma, você pode encontrar o caminho que leva à melhor versão possível de si mesma. E não é nada complicado. Veja algumas "dicas de viagem" para ajudá-la a curtir o trecho mais desafiador dessa aventura em busca da Identidade Singular:

Dica de viagem nº 1 — Aceite a si mesma a cada dia. (Já entendeu essa parte direitinho, né?) Mas não se contente em continuar como você é hoje se puder ser um pouco melhor amanhã.

- "Não tenho talento para matemática, mas se eu me esforçar mais na lição de casa, acho que posso melhorar".
- "Sou tímida, como minha mãe, mas se eu perguntar para aquela menina sobre o labrador dela, aposto que ela vai conversar comigo. Se eu ficar vermelha de vergonha, tudo bem".

Dica de viagem nº 2 — Experimente algo novo todos os dias. Pode ser alguma coisa simples.

- "Vou falar 'oi' para aquela menina da escola com quem nunca conversei".
- "Vou usar hoje uma palavra do vocabulário que a professora ensinou e ver se alguém repara".
- "Acho que hoje vou experimentar pepino no sanduíche em vez de tomate".
- "Não costumo ouvir música clássica, mas vou ouvir um CD de piano para relaxar".

Dica de viagem nº 3 — Deixe de lado coisas ultrapassadas. Se não tiver mais nada a ver com você, parta para algo diferente.

- "Estou cansada de fofocar com minha turma na hora do intervalo. Vou sentar com minhas amigas do time de vôlei e conversar sobre o jogo".

- "Não quero mais brigar com meu irmão por causa do controle remoto. Vou deixar que ele assista ao que quiser na TV. Aliás, prefiro ler uma revista".
- "Cresci bastante nos últimos meses e fiquei alta demais para treinar ginástica olímpica. Acho que vou experimentar jogar basquete".

Dica de viagem nº 4 — Não deixe que seus erros a impeçam de seguir adiante.

- "Fui supermal naquela prova. Meu pai vai ficar chateado com minha nota, mas, ainda assim, vou pedir que ele me ajude a estudar hoje à noite".
- "Ela está brava comigo por causa do que eu disse. Provavelmente, vai gritar comigo quando eu for falar com ela. Mas quero pedir desculpa e ver se podemos continuar sendo amigas".
- "Ralei meu joelho pra caramba quando caí andando de patins, mas já sei o que fiz de errado. Estou pronta para tentar outra vez".
- "Vai ser difícil a professora confiar em mim de novo depois de me pegar colando na prova, mas preciso mostrar para ela que aprendi a lição (aliás, mostrar para ela e para mim mesma)!"

Dica de viagem nº 5 — Aprenda o máximo que puder sobre Jesus e como ele tratava as pessoas. Procure fazer o que ele faria, do mesmo jeito que você se inspira em alguém que admira.

- "Eles ensinam isso na escola dominical. Vou começar a prestar mais atenção, em vez de escrever bilhetinhos para minha amiga durante as aulas".
- "Talvez minha mãe possa começar um estudo bíblico para meninas uma vez por semana, depois da escola".

- "Posso falar com Jesus qualquer hora que eu quiser em minha própria mente. Apesar de eu não ouvir uma resposta em voz alta, sei que ele está prestando atenção no que digo".
- "Vou pedir para minha mãe comprar aquele livro de devocionais para meninas que vi na livraria. Ele sugere passagens da Bíblia para ler todos os dias".

Com essas dicas de viagem no bolso, você está pronta para pôr o pé na estrada! E quem melhor do que o próprio Deus para lhe mostrar o caminho certo?

E Deus com isso?

Você pode considerar os evangelhos (as quatro narrativas da vida e dos ensinamentos de Jesus na Bíblia) como um mapa que irá guiá-la na busca por sua identidade verdadeira.

Comece por aqui:

Aquele [a] que quiser me seguir, deve pôr de lado seus próprios desejos e carregar sua cruz cada dia, e me acompanhar!

Lucas 9.23

O que isso quer dizer:

Jesus explicou que você deve colocar de lado sua identidade falsa (todas as coisas para as quais você não foi criada) e se concentrar naquilo que ele deseja que você seja e faça. E já vimos que a vontade dele para nós é que sejamos autênticas.

Como colocar em prática:

Ore. Converse com Deus para valer. Aprenda o máximo que puder sobre ele. Use o que você aprendeu quando precisar tomar decisões e resolver problemas. Você começará a descobrir o que Deus quer que você faça.

O que conta para Deus é quem você é e como vive. Seu culto deve envolver o seu espírito na busca da verdade. Este é o tipo de gente que o Pai está procurando: aquele que é simples e honesto na presença dele, em seu culto. Deus é Espírito, e quem o adora deve fazê-lo de maneira genuína, algo que venha do espírito, do mais íntimo do ser.

João 4.23-24 (A Mensagem)

O que isso quer dizer:

Se você mostrar para Deus que o ama de forma verdadeira e honesta, terá mais do Espírito dele em você. E o que pode ser mais verdadeiro do que isso?

Como colocar em prática:

Quando estiver louvando a Deus, cante com convicção. Ore de acordo com o que você está pensando de verdade. Pare e reflita sobre o mundo que Deus criou e lhe agradeça por isso. Expresse seu amor por ele da maneira que desejar, quando sentir vontade, e nunca se sinta constrangida em fazer isso.

Não elejam especialistas na vida de vocês, permitindo que lhes digam o que fazer. Reservem essa autoridade apenas para Deus. Deixem que ele diga a vocês o que fazer. [...] Quer se destacar? Humilhe-se. Seja um servo. Se ficar inflado de orgulho, será arrastado pelo vento. Mas, se tiver satisfeito em simplesmente ser você mesmo, você terá vida plena.

Mateus 23.9-12 (A Mensagem)

O que isso quer dizer:

Pense nos outros tanto quanto você pensa em si mesma. Sirva-os sempre que puder. Isso vai ajudá-la a descobrir mais sobre si mesma.

Como colocar em prática:

Pense no que você gostaria que as pessoas fizessem por você e tome a iniciativa de fazer o mesmo por elas. Decida como quer ser tratada e trate as pessoas dessa maneira. Você vai se tornar mais autêntica a cada palavra gentil que disser e a cada gesto amoroso que realizar.

Felizes aqueles que procuram promover a paz,
pois serão chamados filhos [e filhas] de Deus.

Mateus 5.9

O que isso quer dizer:

Se você ensina as pessoas a cooperar em vez de competir, comparar-se e brigar umas com as outras, está fazendo o que Jesus fez (e ainda faz!). E quanto mais você se torna como Jesus, mais você se torna autêntica.

Como colocar em prática:

Em vez de tomar partido na briga entre duas amigas, ajude-as a resolver o conflito. Em vez de ver o *bullying* sendo praticado na escola e não fazer nada, tome uma providência defendendo as vítimas ou contando o que está acontecendo para um adulto de confiança. Em vez de ouvir as fofocas de alguém, mude de assunto. Isso revelará o que há de melhor em você e nas outras pessoas.

Quando Jesus viu esse homem [o paralítico] e soube quanto tempo estava doente, perguntou a ele: "Você gostaria de ser curado?". "Eu não posso, Senhor", respondeu o paralítico, "porque não tenho ninguém para me ajudar a entrar no tanque depois do movimento da água. Quando tento chegar lá, sempre entra um outro antes de mim". Então Jesus lhe disse: "Levante-se! Pegue a sua maca e ande!"

João 5.6-8

O que isso quer dizer:

Em vez de ficar ruminando os motivos pelos quais as coisas não estão indo bem, conte tudo para Deus. Ele a ajudará a ser completamente autêntica. Você fará coisas que nunca imaginou ser capaz de fazer!

Como colocar em prática:

Diga para Jesus: "Desejo ser tudo aquilo que você quer que eu seja. Por favor, mostre-me como". Então, levante-se, não faça caso dos obstáculos em seu caminho e use as coisas que você aprendeu neste livro para prosseguir na busca pela Identidade Singular. Essa é a maneira de ter uma vida saudável e completa. Vamos lá, você consegue!

*Como pode o [a] jovem manter a sua vida limpa e pura?
Vigiando os seus passos de acordo com a sua palavra.
Eu o busco de todo o coração; não permita que eu me desvie dos seus mandamentos.*

Salmos 119.9-10

É a minha cara!

Nesta etapa de sua jornada, há vários "estilos de viagem". Quer descobrir o seu? Leia as três soluções para o problema abaixo e decida com qual delas você se identifica mais. Em seguida, veja o que isso talvez revele sobre você. Lembre-se: todas as soluções são válidas e, portanto, não há resposta certa ou errada. O que importa é sua escolha!

Problema:

Em sua classe, tem um grupo de meninas que, por alguma razão, está fazendo uma porção de coisas nem um pouco legais. Ultimamente, essas meninas resolveram espalhar mentiras sobre uma garota nova que ainda não fez nenhuma amizade na escola. Inventaram uma história tão feia a respeito da aluna nova que, agora, ninguém quer conversar com ela. Sua identidade verdadeira sabe que você precisa fazer alguma coisa.

Soluções:

☐ a. Você reúne todas as suas amigas e declara que precisam tomar uma providência. Afinal, quem de vocês gostaria de ser tratada dessa maneira? Você assume a liderança e, junto com suas amigas, vai falar com o Grupo das Meninas Maldosas. De um jeito firme, mas educado, vocês dizem não acham a atitude delas legal. Pedem que elas parem de contar mentiras sobre a aluna nova. Em seguida, você e suas amigas fazem um esforço conjunto para conhecer essa garota, convidando-a para sentar-se com vocês na hora do intervalo, jogar vôlei com vocês depois da aula e, quem sabe, participar da próxima festa do pijama.

☐ b. Você se aproxima da aluna nova quando ela está sozinha e fala que não acha nada legal o fato de as meninas estarem inventando coisas a respeito dela. No dia seguinte, você manda um bilhete perguntando para ela se gostaria de comer o lanche com você e sua melhor amiga no intervalo. Aos poucos, vocês vão se conhecendo melhor. Um dia, você vê uma das Meninas Maldosas apontar para a garota e cochichar na orelha de outra menina do grupo. Você fica irada, mas respira bem fundo, vai até a Menina Maldosa e cochicha na orelha dela, pedindo-lhe, por favor, para não espalhar mais nenhum boato sobre sua amiga. Depois você sorri para ela.

☐ c. Um dia, na hora do intervalo, você se aproxima da aluna nova, oferece um pedaço de seu lanche e pergunta se aquelas histórias são verdade. Você descobre os fatos reais e, quando chega em casa, elabora um plano e pensa em uma ou duas amigas suas que poderão ajudar a colocá-lo em ação. Nos próximos dias, vocês espalham outra história sobre a aluna nova, dessa vez com os fatos reais. Sempre que alguém se refere aos boatos mentirosos a respeito da menina, vocês falam que não é bem assim e contam a verdade. Quando o professor passa um trabalho para a classe, vocês convidam a menina para entrar em seu grupo.

O que sua resposta significa:

Se você escolheu (a), você é ousada e não tem medo de enfrentar os outros quando sabe que alguma coisa não está legal. Você é cheia de iniciativa.

Se você escolheu (b), você é cuidadosa e prefere agir de um jeito discreto. Mas, nem por isso, deixa de fazer o que é correto. Você é a estrela dos bastidores.

Se você escolheu (c), você é meditativa e inteligente. Analisa bem os fatos antes de elaborar um plano e colocá-lo em ação. Você é uma estrategista.

Não importa o seu estilo, você é totalmente capaz de fazer aquilo que Deus quer que você e que todas nós façamos: se esforçar para seguir o exemplo de Jesus.

Agora é com você

Que tal criar uma trilha sonora para sua vida? Grave um CD com músicas que:

- a façam lembrar momentos importantes em sua vida;
- despertem sentimentos legais em você (alegria, coragem, esperança);
- você goste de ouvir;
- a ajudem a sonhar;
- a inspirem a ser autêntica.

Você vai precisar de:

- músicas que se encaixem na descrição acima (você pode copiar faixas de CDs seus e de suas amigas);
- um CD em branco;
- um computador que grave CDs.

Se você tiver um *mp3 player* ou celular que toque músicas, em vez de gravar um CD, pode criar uma lista nova de músicas só para esta atividade. Lembre-se de usar apenas músicas adquiridas por meios legais.

Olha o que você vai fazer:

- Ouça várias músicas e escolha suas preferidas.
- Separe ou baixe cada música, decida em que ordem você quer ouvi-las e grave ou salve sua lista.
- Escolha um nome para sua trilha sonora e prepare uma etiqueta para colar no CD ou registre o título da lista em seu *mp3 player*.

Percebeu?

- Aquilo que é importante para você.
- Seus sentimentos verdadeiros.

- O que a faz questionar as coisas.
- O que a faz sentir-se segura e alegre.

E agora?

- Você pode ouvir sua trilha sonora quando estiver:
  - fazendo sua lição de casa;
  - escrevendo em seu diário;
  - preparando-se para dormir;
  - sentindo-se meio pra baixo;
  - sentindo-se confusa;
  - tentando tomar uma decisão ou encontrar uma solução para um problema;
  - precisando se lembrar de quem você é de verdade.
- Você pode adicionar mais faixas sempre que descobrir uma música nova que tem tudo a ver com você.
- Se quiser, também pode começar uma nova trilha sonora todo ano no seu aniversário ou em outra data especial! Bacana, não é?

Papo-cabeça

Se eu fosse outra pessoa, alguém que não me conhecesse, e ouvisse minha trilha sonora, eu me descreveria como

____

____

____

____

____

____

____

Ao criar minha trilha sonora,

(Você pode escrever a resposta em seu diário também.)

7 Uma aventura que não acaba

Não dava para acreditar que era a última noite no acampamento. Há duas semanas Melissa tinha se despedido de seus pais com lágrimas nos olhos. E, com certeza, iria chorar amanhã por ter de ir embora. Mas agora não tinha tempo para pensar nessas coisas. Ela e as outras meninas precisavam montar uma dramatização para a festa de encerramento naquela noite.

— Por que a gente tem de mostrar a coisa mais importante que aprendeu no acampamento? — Lydia reclamou, como sempre. — Aprender é coisa de escola.

— Também acho — disse Anna. — Nossa dramatização deveria ser sobre a coisa mais divertida que fizemos durante o acampamento.

— Como a guerra de comida que rolou no refeitório! — alguém opinou.

— Não, a coisa mais divertida foi quando a gente ganhou o Campeonato de Queimada — outra menina corrigiu.

— Eu não me diverti tanto assim — Lydia disse, fungando.

Anna levantou as sobrancelhas repetidamente e declarou:

— Eu me diverti.

— É, mas você arranjou um namorado no acampamento — Lydia retrucou.

Melissa não entendeu o que havia de tão divertido nisso, mas não importava.

— Jerry falou que o tema da dramatização deve ser algo que aprendemos como grupo — disse Melissa.

— Tá — Emily fez que sim com a cabeça. — Com certeza a gente aprendeu a não tentar escapar do chalé à noite.

Anna e Lydia resmungaram juntas.

— Até parece que a gente pode fazer uma dramatização sobre isso — disse Lydia.

— Bom, a gente aprendeu a fazer limpeza — Emily comentou.

— Tédio total — disse Anna.

As meninas deram algumas sugestões. Tinham aprendido a criar uma coreografia em tempo recorde, matar pernilongos, pintar suas iniciais no dedão do pé, fazer parada de mão e pular sela. Mas todas concordaram que nada disso servia de tema para a dramatização.

Foi então que Melissa teve uma ideia: a dramatização poderia ser sobre uma coisa realmente importante que pelo menos algumas delas tinham começado a aprender. Algo que ela sabia que nunca iria esquecer...

E agora?

Vamos dar uma última espiada na aventura em busca da identidade verdadeira. No fim deste capítulo, você terá a oportunidade de escrever um desfecho para a história de Melissa na seção "Papo-cabeça". A decisão final será sua!

É a minha cara!

Nossa aventura em busca da autenticidade nunca chega ao fim. Essa é uma boa notícia, não acha? Quem gostaria que uma jornada tão divertida acabasse?

É importante, porém, parar de vez em quando para ver em que ponto você se encontra, e é o que vamos fazer agora. Lembre-se de ser completamente sincera.

Para cada um dos pontos abaixo sobre os quais conversamos neste livro, escreva o número de "quilômetros" que você acredita já ter percorrido.

3 quilômetros — Percorri uma boa distância (*ou* eu já estava bem perto antes de começar).
2 quilômetros — Falta bastante, mas estou tentando.
1 quilômetro — Ainda não comecei, mas vou me esforçar.

Pontos na aventura em busca da Identidade Singular:

- ☐ deixar de ter ataques de "Quem Sou Eu?"
- ☐ amar a mim mesma
- ☐ aceitar as características que não posso mudar em mim
- ☐ mostrar aos outros minha identidade verdadeira
- ☐ descobrir coisas novas a meu respeito
- ☐ saber que não preciso ser perfeita
- ☐ parar de me esforçar tanto para não ficar para trás
- ☐ não me preocupar tanto em tentar me enturmar
- ☐ reservar um tempo para fazer coisas que só eu curto
- ☐ pensar e falar coisas positivas a meu respeito
- ☐ conhecer meus limites
- ☐ deixar de me comparar com os outros
- ☐ amar as pessoas do jeito que Deus quer que amemos
- ☐ me divertir sendo autêntica
- ☐ fazer aquilo que sei que é certo

Agora some seus "quilômetros". O total será um número entre 15 e 45. Escreva-o aqui: ☐

Se o total ficou entre 45 e 34 "quilômetros", você está se saindo muito bem! Continue sua jornada e preste mais atenção nas áreas em que marcou menos de 3. Curta o fato de estar levando uma vida autêntica e saiba que as coisas só tendem a melhorar!

Se o total ficou entre 33 e 22 "quilômetros", você tem um longo caminho a percorrer, mas está indo na direção certa. Concentre-se nas áreas em que você marcou apenas 1 e tente descobrir o que está acontecendo em cada uma delas. Pode ser que você esteja mais perto do que imagina. Enquanto isso, não se esqueça de sorrir, pois você está se tornando uma pessoa autêntica.

Se o total ficou entre 21 e 15 "quilômetros", significa que você está começando sua jornada, e não há nada de errado com isso. Você tem alguns desafios divertidos pela frente. Escolha uma área em que você marcou 1 e trabalhe nela até ficar satisfeita. Depois passe para outra área. Logo você vai descobrir que seu número de quilômetros aumentou em coisas nas quais nem trabalhou. Continue firme. Você é capaz!

Que história é essa?

Não importa onde você esteja nessa aventura, existem três coisas que precisa lembrar à medida que avança em sua jornada. Elas tornarão sua viagem muito mais fácil.

Nº 1 — A busca pela identidade verdadeira é uma aventura que dura a vida toda

Só seremos completamente autênticas quando estivermos unidas com Deus no céu. É uma jornada para a vida inteira. E você vai curti-la cada vez mais à medida que se aproximar de sua Identidade Singular. Esforce-se ao máximo, mas não imagine que, em algum momento, terá terminado. Muitas vezes, aprendemos mais sobre nós mesmas quando não temos certeza de quem somos.

Nº 2 — Você vai mudando à medida que cresce

A ideia é ser o mais autêntica possível em cada ponto do caminho. De vez em quando, você pode parar, olhar para trás e ver o quanto já progrediu. (Essa é uma das razões pelas quais fazer um diário é tão legal!) E saiba que, bem lá no fundo, sua Identidade Singular sempre estará presente.

Nº 3 — Você vai tomar caminhos que não foram planejados para você

Pode ser que você passe semanas, meses e até anos caminhando em alguma "rua" que não é para você. Deus a guiará de volta para o caminho certo desde que você permaneça ligada a ele. Assim que ele fizer isso, esqueça o que ficou para trás e siga adiante. Você tem coisas tão boas para fazer pela frente que não vale a pena ficar pensando: "Eu devia/podia ter feito isso" ou "Não devia ter feito aquilo".

Lembre-se desses três itens e tudo vai dar certo, pois Deus sempre lhe dará apoio.

E Deus com isso?

Pedro entendeu que Jesus era, de fato, o Filho de Deus e que ele podia (e devia) confiar que Jesus ensina, guia e salva todos que creem nele. Assim que Pedro se deu conta disso e creu, Jesus disse quem *ele* (Pedro) era e o que desejava que ele fizesse.

Então ele [Jesus] perguntou: "E vocês, quem vocês dizem que eu sou?" Simão Pedro respondeu: "O Senhor é o Cristo, o Filho do Deus vivo". "Deus abençoou você, Simão, filho de Jonas", disse Jesus, "porque meu Pai que está no céu revelou isto pessoalmente a você. Isto não vem de nenhuma fonte humana. Você é Pedro, e sobre esta rocha edificarei a minha igreja".

Mateus 16.15-18

A mesma coisa vale para você: quanto mais você entende que Jesus é seu mestre, guia e Salvador (e qualquer outra coisa boa que você possa imaginar), mais claramente ele mostra quem *você* é e o que ele deseja que *você* faça.

Durante essa aventura em busca da Identidade Singular, se você sentir-se perdida, confusa ou insegura em algum momento, volte-se para Jesus e diga o que ele significa para você. Depois disso, basta praticar tudo o que falamos neste livro. De algum modo, Deus se revelará a você. De algum modo, você saberá.

Papo-cabeça

É hora de voltar para o início deste capítulo e reler a história de Melissa. Decida o que ela pode escolher como tema da dramatização. Pense no que ela aprendeu ao longo de sua aventura no acampamento. Imagine o que ela vê quando olha para dentro de si mesma agora. Qual será a resposta de Melissa para a pergunta "Quem sou eu?".

Agora escreva o final da história do jeitinho que você imaginou:

____

____

____

Agora é com você

Chegou a hora de celebrar o início dessa jornada incrível! Peça permissão e, se necessário, ajuda de um adulto para criar essa comemoração que será apenas para você. Algumas ideias para inspirá-la:

- Prepare seu sanduíche predileto.
- Se você mora numa casa ou tem uma sacada no apartamento, use esse espaço para fazer um piquenique.
- Tome café da manhã na cama.
- Organize um festival de música e dança para si mesma.
- Convide-se para uma amostra de suas próprias obras de arte.
- Treine arremessos de basquete, handebol ou manchetes de vôlei até cansar.
- Escreva uma poesia para si mesma num papel bonito.
- Faça um spa para si mesma em casa: use seu sabonete e xampu prediletos, passe um hidratante bem perfumado em todo o corpo e faça um penteado legal.
- Monte um *sundae* com seu sorvete predileto ou crie outra sobremesa deliciosa para si mesma.
- Proponha um brinde para si mesma com uma taça de seu suco favorito.

Outra coisa: não se esqueça de convidar Deus para sua comemoração. Ele não perderia esse momento especial de sua vida por nada!

Compartilhe suas impressões de leitura escrevendo para:
opiniao-do-leitor@mundocristao.com.br
Acesse nosso *site*: www.mundocristao.com.br

Diagramação: Sonia Peticov
Preparação: Susana Klassen
Revisão: Daila Fanny
Fonte: News Gothic e Cushing
Gráfica: Assahi
Papel: Off set 90/gm² (miolo)
Cartão 250/gm² (capa)